Königs Erläuterungen und Materialien
Band 70

Erläuterungen
zu Heinrich Böll
Romane, Erzählungen und
Kurzgeschichten

Von Dr. Edgar Neis

5. Auflage

C. Bange Verlag – Hollfeld/Ofr.

ISBN 3–8044–0266–6
5. erweiterte Auflage
© 1981 by C. Bange Verlag, 8601 Hollfeld
Druck: Lorenz Ellwanger, 8580 Bayreuth, Maxstraße 58/60

INHALTSÜBERSICHT

WERKE DER SIEBZIGER JAHRE

VORBEMERKUNG

Folgende in diesem Erläuterungsband nicht enthaltene Interpretationen Böllscher Erzählungen und Kurzgeschichten sind zu finden in den „Interpretationen zeitgenössischer deutscher Kurzgeschichten", C. Bange Verlag, Hollfeld / Obfr.:

Weitere Hinweise **auf Interpretationen** Böllscher Romane, Erzählungen und Kurzgeschichten finden sich am Ende dieses Bandes im Nachweis der benutzten Literatur.

DIE DICHTUNG HEINRICH BÖLLS

Heinrich Böll könnte sich, wie es der Naturalist Arno Holz getan hat, als „des Zeitgeists Straßenkehrer" bezeichnen. Seine Kurzgeschichten, Erzählungen, Hörspiele und Romane kreisen um zwei Themen: die Sinnlosigkeit des Krieges und das äußere und innere Elend der Nachkriegszeit. Diesen zwei Themen geht Böll in immer wieder neuen Variationen zu Leibe. Dabei kommt es ihm darauf an, das Leben so zu zeigen, wie es ist. Er will die Wahrheit des Lebens verdeutlichen, Absurditäten und Mißstände aufdecken, Schein und Sein voneinander trennen und ihre Divergenz sichtbar machen. Das Programm des Naturalismus, wie es Hermann Bahr 1891 verkündet hat, könnte auch Bölls Programm sein: „Demütig wollen wir uns bescheiden mit der Wahrheit neben uns. Sie ist da, draußen. Wir wollen sie einführen in die Seele — der Einzug des auswärtigen Lebens in den inneren Geist. Die Körper wollen wir schauen, in denen die Menschheit lebt, wollen forschen, welchen Gesetzen sie gehorchen, welche Schicksale sie erfahren, nach welchen Geburten, nach welchen Toden sie wandern, wollen es aufzeichnen, wie es ist. Die Gefühle wollen wir suchen, in unserer Brust und in den fremden, wollen sie in Retorten sehen, in Dampf gehitzt und wieder erkältet, mit anderen gebunden und vermischt, wollen es anmerken, wie sie sind ... Wir haben keine großen Worte, und Wunder sind uns versagt. Wir können kein Himmelreich versprechen. Wir wollen nur, daß das Lügen aufhöre, das tägliche Lügen, zwischen den Ehegatten, in den Schulen, von den Kanzeln, welches häßlich und schlecht ist.

Wir haben kein anderes Gesetz als die Wahrheit, wie jeder sie empfindet. Der dienen wir. Wir können nichts dafür, wenn sie rauh und gewalttätig ist und oft höhnisch und grausam. Manchmal verwundet es uns selbst und erschreckt uns, wir können uns aber nicht helfen. Wir gestalten die Zeit, immer nur die Zeit, jedesmal in einen andern Teig geknetet."

Ganz in ähnlichem Sinn verkündete Heinrich Böll in seinem Aufsatz „Bekenntnis zur Trümmerliteratur" 1950 sein „Programm": „Wir haben uns gegen die Bezeichnung „Trümmerliteratur" nicht gewehrt, weil sie zu Recht bestand: tatsächlich, die Menschen, von denen wir schrieben, lebten in Trümmern, sie kamen aus dem Krieg, Männer und Frauen in gleichem Maße verletzt, auch Kinder. Wir schrieben also vom Krieg, von der Heimkehr und dem, was wir im Krieg gesehen hatten und bei der Heimkehr vorfanden: von Trümmern. Wir schrieben die Wahrheit."

Demgemäß sind Bölls Werke nichts anderes als eine Reportage; sie geben Alltagsgeschehnisse wieder, in einzelnen Szenen, in genrebildlichen Skizzen, in Momentaufnahmen, in größeren Zusammenhängen. Immer wieder prangert Böll die grausame Härte und den Wahnsinn des Krieges an, die sinnlose Hinopferung, die man fälschlicherweise Heldentum nennt, die Brutalität und Auswüchse des Militarismus, das unechte Pathos, Großmannssucht und Angebertum, Tyrannei und Vergewaltigung in jeder Beziehung. Böll ist ein Rebell; er entheroisiert, er ent-mythiziert, er brandmarkt den falschen Schein, die Lüge, die Phrasenhaftigkeit, er reißt die morschen Fassaden überkommener Traditionen ein, die längst schon nicht mehr echte Traditionen sind.

Der Krieg wächst bei Böll in die Nachkriegszeit hinein. Die Kriegsfolgen sind nicht minder schrecklich als der Krieg selbst. Sie zersetzen die Menschen, stellen alle bisher gültigen Werte in Frage, untergraben Sitte und Moral. Böll kritisiert seine Zeit, unsere Zeit, und es gibt niemanden und nichts, das seinem unbestechlichen, alle Schwächen aufdeckenden Blick entgeht. Leere Betriebsamkeit, grober Materialismus, Gewinnsucht, Äußerlichkeit und Oberflächlichkeit werden ebenso angeprangert wie Scheinheiligkeit, Heuchelei und Hohlheit, muffige Frömmelei, unechte Gläubigkeit, orthodoxe Hörigkeit und verschrobenes Ästhetentum. Politische Extreme werden durchweg verurteilt; jede Art von Tyrannei, jeder Versuch der Gleichschaltung, Nivellierung und inneren wie äußeren Einebnung wird schärfstens verworfen; jeder Zwang, ob auf religiösem oder politischem Gebiet, ist Böll unerträglich.

Böll ist der „Straßenkehrer des Zeitgeists"; aber — und da liegen seine Grenzen — er ist nicht mehr als dies. Die Menschen, die er zeichnet, sind Alltagsmenschen, Menschen unserer Zeit; es sind — wie Richard Dehmel die Menschentypen des Naturalismus nannte — „Hamlets der Mittelsorte". Der Soldat Andreas, der den Zug besteigt, um wieder zurück an die Front zu fahren, und der uns in seinen langen inneren Monologen seine Lebensangst, seine Angst vor dem Ende offenbart, ist ein solcher „Hamlet der Mittelsorte"; ein anderer ist der Clown Hans Schnier, der die Fragwürdigkeit der Welt erkennt, aber sie nicht zu ändern vermag.

Bölls Menschen stellen zwar die Misere des Alltags bloß, können sie aber nicht beseitigen Ohne Hintergründigkeit und Transzendenz bleiben sie dem Irdischen verhaftet, bewegen sie sich in empirischen Bereichen. Dieser Umstand sicherte Böll seine schriftstellerischen Erfolge. Jeder konnte etwas von sich selber oder seinen Mitmenschen in Bölls Romangestalten wiederfinden, denn sie sind, wie man zu sagen pflegt, „aus dem Leben gegriffen". Fast Jahr um Jahr gab Böll einen neuen Roman oder eine neue Erzählung heraus, und jedesmal stellte er in ihnen eine neue Schwäche unserer Zeit zur Schau. Böll sieht sich selber als einen Mahner und Warner an, für ihn ist sein Schriftstellertum eine moralische Verpflichtung. „Es ist unsere Aufgabe, daran zu erinnern," schreibt er, „daß die Zerstörungen der Welt nicht nur äußerer Art sind und nicht so geringfügiger Natur, daß man sich anmaßen kann, sie in wenigen Jahren zu heilen." Deshalb tritt er immer wieder aufs neue auf den Plan, gegen entleerte Formen, leere Konventionen und jede Bedrohung der menschlichen Freiheit kämpfend.

Böll gibt ein Bild der „menschlichen Komödie" von heute. Er zeichnet die Welt ab, wie sie heute ist, und doch ist sein Werk nicht welthaltig in tieferem Sinne. Er bleibt seiner Zeit verhaftet, aber erhebt sich nicht über sie. Er gibt jedem etwas, aber was er gibt, ist Hausmannskost: die Lektüre der Werke Bölls ist kein exquisites Menü, sondern ein handfestes bürgerliches Gericht, wie jeder es kennt. Böll bleibt der Schriftsteller unserer Tage, vielleicht der typischste und umfassendste, aber er gestaltet nur nach, er gestaltet nicht um. Das Überzeitliche, Transreale, Transzendente ist Böll fremd; manchmal möchte man ihm angesichts seiner allzu starken Verhaftung im Irdischen das schöne Wort Johann Joachim Winckelmanns zurufen: „Gehe mit Deinem Geist in das Reich unkörperlicher Schönheiten und versuche ein Schöpfer einer himmlischen Natur zu werden, um den Geist mit Bildern, die sich über die Materie erheben, zu erfüllen: denn hier ist nichts Sterbliches noch was die menschliche Dürftigkeit offenbart."

Einem solch hohen Begriff des Dichtertums aber kann Böll nicht gerecht werden; er müßte sich selber aufgeben.

HEINRICH BÖLL

Autobiographische Skizze

Geboren bin ich in Köln, wo der Rhein, seiner mittelrheinischen Lieblichkeit überdrüssig, breit wird, in die totale Ebene hinein auf die Nebel der Nordsee zufließt; wo weltliche Macht nie so recht ernst genommen worden ist, geistliche Macht weniger ernst, als man gemeinhin in deutschen Landen glaubt; wo man Hitler mit Blumentöpfen bewarf, Göring öffentlich verlachte, den blutrünstigen Gecken, der es fertigbrachte, sich innerhalb einer Stunde in drei verschiedenen Uniformen zu präsentieren; ich stand, zusammen mit Tausenden Kölner Schulkindern Spalier, als er in der dritten Uniform, einer weißen, durch die Stadt fuhr; ich ahnte, daß der bürgerliche Unernst der Stadt gegen die neu heraufziehende Mechanik des Unheils nichts ausrichten würde; geboren in Köln, das seines gotischen Domes wegen berühmt ist, es aber mehr seiner romanischen Kirchen wegen sein müßte; das die älteste Judengemeinde Europas beherbergte und sie preisgab; Bürgersinn und Humor, so berühmt wie der Dom, in seiner offiziellen Erscheinungsform schreckenerregend, auf der Straße manchmal von Größe und Weisheit.

Geboren in Köln, am 21. Dezember 1917, während mein Vater als Landsturmmann Brückenwache schob; im schlimmsten Hungerjahr des Weltkrieges wurde ihm das achte Kind geboren; zwei hatte er schon früh beerdigen müssen; während mein Vater den Krieg verfluchte und den kaiserlichen Narren, den er mir später als Denkmal zeigte. „Dort oben", sagte er, „reitet er immer noch auf seinem Bronzegaul westwärts, während er doch schon so lange in Doorn Holz hackt"; immer noch reitet er auf seinem Bronzegaul westwärts.

Meine väterlichen Vorfahren kamen vor Jahrhunderten von den britischen Inseln, Katholiken, die der Staatsreligion Heinrichs VIII. die Emigration vorzogen. Sie waren Schiffszimmerleute, zogen von Holland herauf rheinaufwärts, lebten immer lieber in Städten als auf dem Land, wurden, so weit von der See entfernt, Tischler. Die Vorfahren mütterlicherseits waren Bauern und Bierbrauer; eine Generation war wohlhabend und tüchtig, dann brachte die nächste den Verschwender hervor, war die übernächste arm, brachte wieder den Tüchtigen hervor, bis sich im letzten Zweig, aus dem meine Mutter stammte, alle Weltverachtung sammelte und der Name erlosch.

Meine erste Erinnerung: Hindenburgs heimkehrende Armee, grau, trostlos zog sie mit Pferden und Kanonen an unserem Fenster vorüber; vom Arm meiner Mutter aus blickte ich auf die Straße, wo die endlosen Kolonnen auf die Rheinbrücken zumarschierten; später: die Werkstatt meines Vaters: Holzgeruch, der Geruch von Leim, Schellack und Beize; der Anblick frisch gehobelter Bretter, das Hinterhaus einer Mietskaserne, in der die Werkstatt lag; mehr Menschen als in manchem Dorf leben, lebten dort, sangen, schimpften, hängten ihre Wäsche auf die Recks; noch später: die klangvollen germanischen Namen der Straßen, in denen ich spielte: Teutoburger-, Eburonen-, Veledastraße, und die Erinnerung an Umzüge, wie mein Vater sie liebte, Möbelwagen, biertrinkende Packer, das Kopfschütteln meiner Mutter, die ihren Herd liebte, auf dem sie das Kaffeewasser immer kurz vor dem Siedepunkt zu halten verstand. Nie wohnten wir weit vom Rhein entfernt, spielten auf Flößen, in alten Festungsgräben, in Parks, deren Gärtner streikten; Erinnerung an das erste Geld, das ich in die Hand bekam, es war ein Schein, der eine Ziffer trug, die Rockefellers Konto Ehre gemacht hätte: 1 Billion Mark; ich bekam eine Zuckerstange dafür; mein Vater holte die Lohngelder für seine Gehilfen in einem Leiterwagen von der Bank; wenige Jahre später waren die Pfennige der stabilisierten Mark schon knapp, Schulkameraden bettelten mich in der Pause um ein Stück Brot an; ihre Väter waren arbeitslos; Unruhen, Streiks, rote Fahnen, wenn ich durch die am dichtesten besiedelten Viertel Kölns mit dem Fahrrad in die Schule fuhr; wenige Jahre später waren die Arbeitslosen untergebracht, sie wurden Polizisten, Soldaten, Henker, Rüstungsarbeiter — der Rest zog in die Konzentrationslager; die Statistik stimmte, die Reichsmark floß in Strömen; bezahlt wurden die Rechnungen später, von uns, als wir, inzwischen unversehens Männer geworden, das Unheil zu entziffern versuchten und die Formel nicht fanden; die Summe des Leidens war zu groß für die wenigen, die eindeutig als schuldig zu erkennen waren; es blieb ein Rest, der bis heute nicht verteilt ist.

Schreiben wollte ich immer, versuchte es schon früh, fand aber die Worte erst später.

DIE ROMANE
HEINRICH BÖLLS

WO WARST DU, ADAM?

(1951)

Der Titel dieses Romans ist einer Aufzeichnung in Theodor Haeckers „Tag- und Nachtbüchern" entnommen. Sie lautet:

„Eine Weltkatastrophe kann zu manchem dienen. Auch dazu, ein Alibi zu finden vor Gott. Wo warst du, Adam? —

Ich war im Weltkrieg."

Adam ist der Mensch schlechthin. Böll zeichnet den Weg des Menschen im Kriege, in einem sinnlosen Geschehen, dem er hoffnungslos preisgegeben ist. Den Weg des Generals, des Obersten, des Feldwebels, des Unteroffiziers, des Landsers Feinhals, eines Architekten, der in einer ungarischen Kleinstadt Etappendienst tut.

Er zeichnet auch den Weg der Randfiguren des Krieges, der Sanitäter, der Schwestern, der Ärzte, der Notleidenden und Verfolgten.

Die Front beginnt sich aufzulösen. Die Truppen ziehen sich zurück. Nur die nicht transportfähigen Verwundeten und Kranken erwarten den von Osten her anrückenden siegreichen Feind. Feinhals, der einer Krankensammelstelle in dem ungarischen Szentgyörgy zugeteilt worden ist, lernt dort die jüdische Lehrerin Ilona kennen. Er fühlt für sie eine unbestimmte Zärtlichkeit und möchte sie, ohne zu wissen wie, vor dem Tode bewahren. Doch die Bemühung, das Menschliche im unmenschlichen Mechanismus des Krieges wiederzufinden, zerbricht wie alles andere. Feinhals wird, in einem roten Möbelwagen verstaut, plötzlich an die wankende Front dem andrängenden Feind entgegengeworfen, weil nicht mehr genügend reguläre Truppen vorhanden sind, während Ilona, in einen grünen Möbelwagen verfrachtet, mit Glaubensgenossinnen schnell noch vor dem Einmarsch des Feindes einem Konzentrationslager zugeführt wird, um dort „liquidiert" zu werden.

Die Sinnlosigkeit des Krieges, die Panik vor Toresschluß, die Angst vor dem unausweichlichen Ende wird offenbar. Man spielt mit Menschenleben, man opfert sie kaltblütig und gewissenlos, weil man keinen Ausweg mehr weiß.

Auf dem Wege zur Front wird Feinhals Zeuge sinnloser Tätigkeiten: Brücken, die einem geordneten Rückzug dienen sollen, werden mit aller Genauigkeit und Sorgfalt erbaut, und als sie fertig sind, wieder gesprengt. Die allgemeine Auflösung schreitet immer weiter voran.

Feinhals findet den Weg in die Heimat, kommt an den Rhein, aber damit unmittelbar vor die Front der von Westen her anrückenden Amerikaner. Er fällt, von einer einzelnen verspäteten Granate getroffen, an der Schwelle seines Vaterhauses, bedeckt von einem riesigen Tischtuch der Mutter, das zum Zeichen der Kapitulation als weiße Fahne vom Giebel herabhing.

TEXTPROBE AUS „WO WARST DU, ADAM?"

Zuerst ging ein großes, gelbes, tragisches Gesicht an ihnen vorbei, das war der General. Der General sah müde aus. Hastig trug er seinen Kopf mit den bläulichen Tränensäcken, den gelben Malariaaugen und dem schlaffen, dünnlippigen Mund eines Mannes, der Pech hat, an den tausend **Männern** vorbei. Er fing an der rechten Ecke des staubigen Karrees an, blickte jedem traurig ins Gesicht, nahm die Kurven schlapp, ohne Schwung und Zackigkeit. und sie sahen es alle: auf der Brust hatte er Orden genug, es blitzte von Silber und Gold, aber sein Hals war leer, ohne Orden. Und obwohl sie wußten, daß das **Kreuz** am Halse eines Generals nicht viel bedeutete, so lähmte es sie doch, daß er nicht einmal das hatte. Dieser magere, gelbe Generalshals ohne Schmuck ließ an verlorene Schlachten denken, mißlungene Rückzüge, an Rüffel, peinliche, bissige Rüffel, wie sie hohe Offiziere untereinander austauschten, an ironische Telefongespräche, versetzte Stabschefs und einen müden, alten Mann, der hoffnungslos aussah, wenn er abends den Rock auszog und sich mit seinen dünnen Beinen, dem ausgemergelten Malariakörper auf den **Rand** seines Bettes setzte, um Schnaps zu trinken. Alle die dreihundertunddreiunddreißig mal drei Mann, denen er ins Gesicht blickte, fühlten etwas Seltsames: Trauer, Mitleid, Angst und eine geheime Wut. Wut auf diesen Krieg, der schon viel zu lange dauerte, viel zu lange, als daß der Hals eines Generals noch ohne den gehörigen Schmuck hätte sein dürfen. Der General hielt seine Hand an die verschlissene Mütze, die Hand **wenigstens** hielt er gerade, und als er an der linken Ecke des Karrees angekommen war, machte er eine etwas schärfere Wendung, ging in die Mitte der offenen Seite. blieb dort stehen. und der **Schwarm** von Offizieren gruppierte sich um ihn, locker und doch planmäßig, und es war peinlich, ihn dort zu sehen, ohne Halsschmuck, während andere, Rangniedrigere, das Kreuz in der Sonne blitzen lassen konnten. Er schien erst etwas sagen zu wollen, aber er nahm nur noch einmal sehr plötzlich die Hand an die Mütze und machte so unerwartet kehrt, daß der Schwarm von Offizieren sich erschreckt verteilte, um ihm Platz zu machen. Und sie sahen alle, wie das kleine, schmale Männchen in seinen Wagen stieg, die Offiziere ihre Hände noch einmal an die Mütze nahmen, und dann zeigte eine aufwirbelnde weiße Staubwolke an, daß der General nach Westen fuhr, dorthin, wo die Sonne schon ziemlich niedrig stand, nicht mehr weit entfernt von den flachen weißen Dächern. dorthin, wo keine Front war.

✻

Das war der Oberst, blaß, mit harten Augen, zusammengekniffenen Lippen und einer langen Nase. Es erschien ihnen allen selbstverständlich, daß der Kragen unter diesem Gesicht mit dem Kreuz geschmückt war. Aber auch dieses Gesicht gefiel ihnen nicht. Der Oberst nahm die Ecken gerade, ging langsam und fest, ließ kein Augenpaar aus, und als er zuletzt in die offene Flanke schwenkte. mit den kleinen Schwanz von Offizieren, da wußten sie alle, daß er etwas sagen würde, und sie dachten alle, daß sie gern etwas trinken möchten, trinken, auch essen oder schlafen oder eine Zigarette rauchen. „Kamraden", sagte die Stimme hell und klar, „Kamraden, ich begrüße euch. Es gibt nicht viel zu sagen, nur eins: wir müssen sie jagen, diese Schlappohren, jagen in ihre Steppe zurück. Versteht ihr?" Die Stimme machte eine Pause, und das Schweigen in dieser Pause war peinlich. fast tödlich, und sie sahen alle, daß die Sonne schon ganz rot war, dunkelrot, und der tödliche rote Glanz schien sich in dem Kreuz am Halse des Obersten zu fangen, ganz allein in diesen vier Balken, und sie sahen jetzt erst, daß das Kreuz noch verziert war, mit Eichenlaub, das sie Gemüse nannten.
Der Oberst hatte Gemüse am Hals.
„Ob ihr versteht?" schrie die Stimme wieder und sie überschlug sich jetzt.
„Jawohl", riefen ein paar, aber die Stimmen waren heiser, müde und gleichgültig.
„Ob ihr versteht, frage ich?" schrie die Stimme wieder, und sie überschlug sich so sehr, daß sie in den Himmel zu steigen schien, schnell. allzu schnell wie eine verrückt gewordene Lerche, die sich einen Stern zum Futter pflücken will

„Jawohl," riefen ein paar mehr, aber nicht viele, und auch die, die schrien waren müde, heiser, gleichgültig, und nichts an der Stimme dieses Mannes konnte ihren Durst stillen, ihnen ihren Hunger nehmen und die Lust auf eine Zigarette.

Der Oberst schlug wütend mit seiner Gerte in die Luft, sie hörten etwas, das wie „Mistbande" klang, und er ging mit sehr schnellen Schritten nach hinten weg, gefolgt von seinem Adjutanten, einem langen jungen Oberleutnant, der viel zu lang war, viel zu jung auch, um ihnen nicht leid zu tun.

*

Sie ging langsam die Stufen zur Baracke hinauf und zog Maria hinter sich her; erstaunt blickte sie auf, als der Posten ihr die Mündung der Maschinenpistole in die Seite stieß und schrie: „Schneller-schneller." Sie ging schneller. Drinnen saßen die drei Schreiber an den Tischen: große Packen Karteikarten lagen vor ihnen, die Karten waren so groß wie Deckel von Zigarrenkisten. Sie wurde zum ersten Tisch gestoßen, Maria zum zweiten, und an den dritten Tisch kam ein alter Mann, der zerlumpt und unrasiert war und ihr flüchtig zulächelte, sie lächelte zurück; es schien ihr Wohltäter zu sein.

Sie nannte ihren Namen, ihren Beruf, ihr Geburtsdatum und ihre Religion, und war erstaunt, als der Schreiber sie nach ihrem Alter fragte.

„Dreiundzwanzig", sagte sie.

Noch eine halbe Stunde, dachte sie. Vielleicht würde sie noch Gelegenheit haben, noch ein wenig allein zu sein. Sie war erstaunt, wie gelassen es in dieser Verwaltung des Todes zuging. Alles ging mechanisch, etwas gereizt, ungeduldig: diese Menschen taten ihre Arbeit mit der gleichen Mißlaune, wie sie jede andere Büroarbeit getan hätten, sie erfüllten lediglich eine Pflicht, eine Pflicht, die ihnen lästig war, die sie aber erfüllten. Man tat ihr nichts, sie wartete immer noch auf die Angst, vor der sie sich gefürchtet hatte. Sie hatte damals große Angst gehabt, als sie aus dem Kloster zurückkam, große Angst, als sie mit dem Koffer zur Straßenbahn ging und mit ihren nassen Fingern das Geld umklammert hielt: diese Welt war ihr fremd und häßlich vorgekommen, in die sie sich zurückgesehnt hatte, um einen Mann und Kinder zu haben — eine Reihe von Freuden, die sie im Kloster nicht finden konnte und die sie jetzt, als sie zur Straßenbahn ging, nicht mehr zu finden hoffte, aber sie schämte sich sehr, schämte sich dieser Angst . . . .

Als sie zur zweiten Baracke ging, suchte sie in den Reihen der Wartenden nach Bekannten, aber sie entdeckte keinen, sie stieg die Stufen hinauf, der Posten winkte ihr ungeduldig, einzutreten, als sie vor der Tür zögerte, und sie trat ein und zog Maria hinter sich her: das schien verkehrt zu sein, zum zweiten Male entdeckte sie Brutalität, als der Posten das Kind von ihr wegriß und es, als sie sich sträubte, an den Haaren zog. Sie hörte Maria schreien und trat mit ihrer Karteikarte ins Zimmer. Im Zimmer war nur ein Mann, der die Uniform eines Offiziers trug; er hatte einen sehr eindrucksvollen schmalen, silbernen Orden in Kreuzform auf der Brust, sein Gesicht sah blaß und leidend aus, und als er den Kopf hob, um sie anzusehen, erschrak sie über sein schweres Kinn, das ihn fast entstellte. Er streckte stumm die Hand aus, sie gab ihm die Karte und wartete: noch immer keine Angst. Der Mann las die Karte durch, sah sie an und sagte ruhig: „Singen sie etwas."

Sie stutzte. „Los, sagte er ungeduldig, „singen sie etwas — ganz gleich, was . . . "

Sie sah ihn an und öffnete den Mund. Sie sang die Allerheiligen- litanei nach einer Vertonung, die sie erst kürzlich entdeckt und herausgelegt hatte, um sie mit den Kindern einzustudieren. Sie sah den Mann während des Singens genau an, und nun wußte sie plötzlich, was Angst war, als er aufstand und sie anblickte.

Sie sang weiter, während das Gesicht vor ihr sich verzerrte wie ein schreckliches Gewächs, das einen Krampf zu bekommen schien. Sie sang schön, und sie wußte nicht, daß sie lächelte, trotz der Angst, die langsam höher stieg und ihr wie zum Erbrechen im Hals saß . . . .

Seitdem sie angefangen hatte zu singen, war es still geworden, auch draußen, Filskeit starrte sie an: sie war schön — eine Frau — er hatte noch nie eine Frau gehabt — sein Leben war in töd- licher Keuschheit verlaufen — hatte sich, wenn er allein war, oft vor dem Spiegel abgespielt, in dem er vergebens Schönheit und Größe und rassische Vollendung suchte — hier war es: Schönheit und Größe und rassische Vollendung, verbunden mit etwas, das ihn vollkommen lähmte: Glauben. Er begriff nicht, daß er sie weitersingen ließ, noch über die Antiphon hinaus — vielleicht träumte er — und in ihrem Blick, obwohl er sah, daß sie zitterte — in ihrem Blick war etwas fast wie Liebe — oder war es Spott — Fili, Redemptor Mundi, Deus sang sie — er hatte noch nie eine Frau so singen hören.

Spiritus Sancte, Deus — kräftig war ihre Stimme, warm von unglaublicher Klarheit. Offenbar träumte er — jetzt würde sie singen: Sancta Trinitas, unus Deus — er kannte es noch — und sie sang es:

Sancta Trinitas — Katholische Juden? dachte er — ich werde wahnsinnig. Er rannte ans Fenster und riß es auf: draußen standen sie und hörten zu, keiner rührte sich. Filskeit spürte, daß er zuckte, er versuchte zu schreien, aber aus seinem Hals kam nur ein heiseres tonloses Fauchen, und von draußen kam diese atemlose Stille, während die Frau weitersang:

Sancta Dei Genitrix.... er nahm mit zitternden Fingern seine Pistole wandte sich um, schoß blindlings auf die Frau, die stürzte und zu schreien anfing — jetzt fand er seine Stimme wieder, nachdem die ihre nicht mehr sang: „Umlegen", schrie er, „alle umlegen, verflucht — auch den Chor — raus mit ihm — raus aus der Baracke —", er schoß sein ganzes Magazin leer auf die Frau, die am Boden lag und unter Qualen ihre Angst erbrach.....

Draußen fing die Metzelei an.

UND SAGTE KEIN EINZIGES WORT

(1953)

Der Roman „Und sagte kein einziges Wort" spielt einige Jahre nach dem 2. Weltkrieg in einer rheinischen Großstadt. Die Kriegsfolgen sind trotz des beginnenden Wiederaufbaus noch längst nicht überwunden. Die Menschen haben mit äußeren und inneren Nöten zu kämpfen. Das wird am Beispiel eines Ehepaares demonstriert, das gegen die Schwierigkeiten der Nachkriegszeit zu kämpfen hat.

Die äußere Not, die Fred und Käte das Leben erschwert, ist die Wohnungsnot. Beide leben zusammengepfercht mit ihren vier Kindern in einer erbärmlichen Behausung, in der jedes Geräusch von der Vermieterin im Nachbarzimmer gehört werden kann, in der der Putz von den Wänden fällt und weder Fenster noch Türen dicht schließen. Daher das Wanderleben des Ehegatten Fred, der die häusliche Enge nicht mehr ertragen kann, in Wartesälen, Kneipen oder auf Parkbänken übernachtet, mit seiner Frau nur noch telefoniert, aber kaum mehr zusammen lebt.

Die innere Not ist die daraus resultierende eheliche Indolenz, die Unmöglichkeit ehelichen Beisammenseins, die gegenseitige Entfremdung. Zwar treffen sich Fred und Käte von Zeit zu Zeit in billigen Hotelzimmern, aber es kann kein Glück daraus entstehen, nur Düsternis und Trauer liegt über diesen Zusammenkünften.

Käte, eine gläubige Katholikin, erträgt noch diese äußere und innere Not, mit Tapferkeit, Schweigen und durch Gebete. Fred aber ist zu schwach dazu, betäubt sich mit Alkohol und beginnt am Leben zu verzweifeln. Erst am Schluß erkennt er den Wert seiner tapferen und standhaften Frau. Er bricht, nachdem er einmal unbemerkt hinter seiner Frau hergegangen ist und sie beim Einkauf beobachtet hat, zusammen. Ein schnell herbeigeholter Krankenwagen bringt ihn „nach Hause."

Böll zeichnet Menschen der Mittelklasse. Sein Fred ist ein schwacher, willenloser Mann, dem es an Energie und Entschlußkraft fehlt. Es befremdet, daß er, nur weil er die häusliche Misere nicht ertragen kann, seine Familie im Stich läßt und seine Tage und Nächte anderswo verbringt. Hier liegt zweifellos eine große Schuld vor, von der Fred nicht freigesprochen werden kann.

Erstaunlich ist aber auch, daß seine sonst tapfere Ehefrau Käte, die unermüdlich für ihre vier Kinder sorgt, nicht in der Lage ist, ihren Mann auf den rechten Weg zu bringen und sich zu gelegentlichen Zusammenkünften in billigen Hotelzimmern herbeiläßt.

Der Roman kann den Leser nicht befriedigen. Er ist arm an Handlung oder verliert sich weitgehend ins Banale. Die Hauptgestalten sind manchmal etwas verzeichnet und in sich widerspruchsvoll. Fred findet zwar am Ende des Romans zu seiner Frau zurück — die Worte „Nach Hause" deuten dies wenigstens an —, aber der Leser, der das Ganze noch einmal überblickt, fragt sich: Was soll das? Irrwege der Liebe, gegenseitige Entfremdung und Wiedervereinigung sind oftmals und weitaus besser geschildert worden als in diesem Roman Heinrich Bölls.

An dieser Stelle sei auch auf die Interpretation verwiesen, die Karl Migner in seinem Aufsatz „Gesichtspunkte zur Erarbeitung zeitgenössischer Romane in Oberprima" (Der Deutschunterricht 1962/1) gegeben hat.[1])

„Mit dem Titel „Und sagte kein einziges Wort", schreibt Migner, „wird die Situation des Menschen, hier Kätes, in Parallele zum Leiden Christi gesetzt. Christus erduldet die Kreuzigung klaglos. Wie er wird der Mensch — durch das Leben — gekreuzigt und hat sich nicht dagegen aufzulehnen. In Augenblicken größter Verzweiflung Kätes wird der Titel zitiert…"

Migner geht auf die Darstellung der Atmosphäre des Romans, auf die Beschreibung der Natur, des Stadtbildes und einiger Innenräume ein.

Er charakterisiert dann die Hauptpersonen, ihre äußere Erscheinung, ihre Existenz, ihr Verhältnis zur Umwelt und zu Gott.

Die Umwelt ist Fred und Käte feindlich gesinnt. Der Staat bietet keine Hilfe oder Unterstützung. Die Kirche keinen Trost, sondern nur Phrasen und halbe Wahrheiten. Die Gesellschaft erscheint als eine Konsumgesellschaft, die den einzelnen eher ausnutzt als daß sie ihm dient.

Als besonders negative Figur erscheint Frau Franke, die mit ihrem Mann vier große Räume bewohnt, jeden Morgen die heilige Kommunion empfängt, jeden Monat einmal den Ring des Bischofs küßt, als Vorsitzende der Wohnungskommission fungiert, aber Fred und Käte in ihrer Wohnungsnot beläßt. Sie verkörpert die Satten, die das Scheinchristentum vertreten, aber kein echtes Christentum und keine Nächstenliebe praktizieren.

Migner geht dann auf die Gliederung des Romans ein, der einen steigernden Aufbau zeigt und wegen der kapitelweise wechselnden Perspektive — die zwei Hauptfiguren erzählen immer abwechselnd — besonders interessant ist. Motivhaft immer wieder auftretende Elemente wie Spiegel, Gesichter, Reklamesprüche und die Ironie sind besondere Darstellungsmittel Bölls. Den Gummistörchen, die für ein Verhütungsmittel werben sollen, schlägt ausgerechnet der Jubel der Kinder entgegen, das Blücherdenkmal, das den Patriotismus verherrlichen soll, liegt in der Gosse; Traditionen wie das Farbentragen der Studenten werden ironisiert, die staatliche und kirchliche Autorität wird in Frage gestellt. Böll ist ein Zeitkritiker; aber seine Werturteile sind mit Vorsicht aufzunehmen.

HAUS OHNE HÜTER

(1954)

Der Roman „Haus ohne Hüter" spielt nach 1945 in einer rheinischen Großstadt. Es ist die Zeit des Hungers, der Not und der Schwarzmarktgeschäfte. Alle moralischen und ethischen Grundlagen beginnen zu wanken. Kinder wachsen auf, die kein Familienleben mehr kennen, denen der Begriff der häuslichen Gemeinschaft fremd ist. Ihre Väter sind im Krieg gefallen, ihre Mütter müssen um die Existenz kämpfen oder „gehen fremd". Die Kinder sind auf sich selbst gestellt, sind „ohne Hüter".

Zwei Familien lernen wir in diesem Roman kennen, die Familie Bach und die Familie Briedlach. Frau Bachs Mann, Rai genannt, ist in Rußland gefallen. Er war ein Dichter gewesen, der lyrische Gedichte geschrieben hat. Sein Vorgesetzter, Leutnant Gäseler, hatte ihn auf einen sinnlosen Patrouillengang geschickt; er haßte Rai. Als er nach dem Kriege der immer noch schönen Frau Bach begegnet, will er sich an nichts mehr erinnern, muß sich aber von Frau Bach die Wahrheit ins Gesicht sagen lassen. Wie ihm, widersteht Frau Bach auch allen anderen Männern, die sie umwerben, ganz der Erziehung ihres Sohnes Martin hingegeben, der etwas verloren aufwächst und die Hand des Vaters entbehrt. Die zweite Familie, die wir kennenlernen, ist die Familie Briedlach. Im Gegensatz zu Frau Bach zeigt Frau Briedlach wenig Standhaftigkeit. Auch ihr Mann, ein ehemaliger Autoschlosser, ist im Kriege gefallen. Sie lebt nun mit ihrem Sohn Heinrich zusammen. Heinrich erlebt aber schon bewußt das Leben der Erwachsenen, das ihn beunruhigt, aber auch wieder in seinen Bann zieht. Er bemerkt, daß immer neue „Onkels" bei seiner Mutter auftauchen, ja, daß die Mutter sich eigentlich verkauft. Durch kleine Schwarzmarktgeschäfte, die er tätigt, will er den Lebensunterhalt seiner Mutter sichern, aber sie ist schon zu sehr dem neuen Leben verfallen, als daß sie noch geändert werden könnte. Und doch gibt Heinrich die Hoffnung nicht auf.

TEXTPROBE AUS „HAUS OHNE HÜTER"

Heinrich Briedlach war fünfeinhalb, und er trug zu seiner und seiner Mutter Ernährung bei, indem er für die zahlreichen Hausbewohner gegen Umsatzprovision auf dem Schwarzmarkt Besorgungen machte. Mit Geld und einem guten Gedächtnis bewaffnet, ging der hübsche kleine Junge, der seinem Vater glich, mittags gegen zwölf los und besorgte, was immer zu besorgen war — Brot, Tabak, Zigaretten, Kaffee, Süßstoff und manchmal ausgefallene, kostbare Dinge: Margarine, Butter und Glühbirnen. Bei sehr kostbaren und umfangreichen Besorgungen diente er den Hausbewohnern als Führer, denn er kannte jedermann auf dem Schwarzmarkt und wußte von jedem, womit er Handel trieb. Er galt unter den

Schwarzhändlern als tabu, und wer den Jungen betrog und dabei ertappt wurde, wurde rücksichtslos boykottiert und mußte an einer anderen Stelle der Stadt Handel treiben.

Seine Intelligenz und Wachsamkeit trugen dem Jungen nicht nur tägliche Prozente im Gegenwert eines Brotes ein, sondern auch eine Rechenfertigkeit, von der er noch jahrelang in der Schule zehrte: im dritten Schuljahr erst waren Rechenaufgaben fällig, die er schon in der Praxis geübt hatte, bevor er in die Schule kam. Was kosten zwei Achtelpfund Kaffee, wenn ein Kilo zweiunddreißig Mark kostet? . . .

Nicht viel später tauchte ein neuer Onkel auf, der Karl hieß. Karl beanspruchte schon nach kurzer Zeit den Titel eines Vaters, obwohl er diesen Titel nicht beanspruchen konnte. Karl war Angestellter eines städtischen Amtes, . . . trug nicht eine alte Uniformbluse, sondern einen richtigen Anzug und kündigte mit heller Stimme den Beginn eines „neuen Lebens" an.

Heinrich nannte ihn in seiner Erinnerung nur „Neues-Leben-Karl", denn dieses Wort sprach Karl täglich mehrmals aus. Der Geruch, der zu Karl gehörte, war der Geruch von Suppen, die den städtischen Angestellten zu günstigen Bedingungen verabreicht wurden: die Suppen — wie sie auch im einzelnen genannt werden mochten, ob sie fett oder süß waren —, alle Suppen rochen nach Thermophor und nach viel. Karl brachte täglich in einem alten Heereskochgeschirr die Hälfte seiner Portion mit, manchmal mehr, wenn er an der Reihe gewesen war, den Nachschlag zu bekommen; eine Vergünstigung, deren Charakter Heinrich nie ganz genau herausbekam. Ob die Suppe nach süßem Biskuitmehl schmeckte oder künstlichem Ochsenschwanzaroma: sie roch auf jeden Fall nach Thermophor, und doch: die Suppe war herrlich . . . Karl war freundlich und genügsam, aber sein Auftauchen hatte auch schmerzliche Folgen, denn Karl war ebenso streng wie genügsam und untersagte jegliche Verbindung zum Schwarzmarkt. „Kann ich mir als Behördenangestellter nicht leisten . . . außerdem werden Moral und Volkswirtschaft untergraben." Karls Strenge wirkte in ein böses Jahr hinein: das Jahr 1947. Knappe Rationen, wenn es überhaupt welche gab — und Karls Suppendeputat machte nicht das Brot wett, das Heinrich jeden Tag an Provision verdient hatte . . .

Karl ging weg, noch bevor die Mutter aus dem Krankenhaus zurück war. Heinrich blieb fünf Tage in der Obhut der Nachbarin, die ihn sofort wieder zum Schwarzmarktboten ernannte. Dort gab es neue Gesichter, neue Preise, und niemand kümmerte sich mehr darum ob er betrogen wurde oder nicht. Bilkhager, bei dem er immer Brot gekauft hatte, saß im Gefängnis, und Opa, der Weißhaarige, der für Tabak und Süßstoffe zuständig war, saß ebenfalls im Gefängnis, weil er bei dem abenteuerlichen Versuch überrascht worden war, in seiner Wohnung ein Pferd zu schlachten. Alles war anders dort, teurer und bitterer. Und er war froh, als die Mutter wieder aus dem Krankenhaus kam, denn die Nachbarin klagte den ganzen Tag über ihre dahingegangene Körperfülle und erzählte ihm von Dingen, die man essen konnte: märchenhafte Geschichten von Schokolade, Fleisch und Pudding und Sahne, die ihn verwirrten, weil er mit solchen Werten keine klaren Vorstellungen verband.

Die Mutter war still und nachdenklich, freundlicher als früher und sie nahm eine Stelle an in der Küche, wo die Suppen für die städtischen Angestellten gekocht wurden. Nun gab es täglich einen Dreiliterkessel voll Suppe, und was davon übrig blieb, wurde getauscht, gegen Brot, gegen Tabak, und die Mutter saß abends mit ihm allein am Radio, rauchte, war still und nachdenklich ...

BILLARD UM HALBZEHN

(1959)

In kunstvoller Verknüpfung zeigt dieser Roman das Schicksal dreier Generationen; bei allen spielt der Bau der Benediktinerabtei St. Anton eine besondere Rolle. Diese Abtei ist sozusagen das Bindeglied der drei Generationen: an ihr zeigt sich ihre Bewährung oder ihr Versagen, ihre Zeitgebundenheit oder ihr von der Zeit abgelöstes künstlerisches Gewissen.

Der ältesten Generation gehört der Architekt Heinrich Fähmel an, dem im Jahre 1907 unter vielen anderen Bewerbern in einer öffentlichen Ausschreibung der Auftrag für den Neubau der alten Benediktinerabtei zuteil wurde.

Dem Angehörigen der mittleren Generation, seinem Sohn Dr. Robert Fähmel, Leiter eines Büros für statische Berechnungen, blieb es vorbehalten, die von seinem Vater rekonstruierte Benediktinerabtei am Ende des sinnlosen Hitlerkrieges zu sprengen.

um — wie der Befehl es haben wollte — ein besseres Schußfeld zu bekommen, in Wirklichkeit aber auch deswegen, weil die Mönche der Abtei samt ihrem Abt Hitler hörig geworden waren und dem „Sakrament des Büffels" dienten.

Bruchstückhaft erzählt Dr. Robert Fähmel seine Lebensgeschichte dem Liftboy Hugo des Hotels „Prinz Heinrich", mit dem er jeden Vormittag um halb zehn Billard spielt. In diesen beim Billardspiel sich vollziehenden Geständnissen und „Beichten" Robert Fähmels sind Vergangenheit, Gegenwart und Zukunft zusammengefaßt. Da hier der Angelpunkt des Romans zu finden ist, hat Böll ihm den etwas verfremdenden Titel „Billard um halbzehn" gegeben. Die dritte Generation verkörpert Roberts Sohn, Joseph Fähmel, gleichfalls Architekt. Er baut die von seinem Vater zerstörte Benediktinerabtei wieder auf, ohne freilich zu wissen, daß es sein Vater war, der sie im letzten Kriege sprengen ließ. Er spürt in vollem Umfang die Bedeutung des Goethe-Wortes „Weh dir, daß du ein Enkel bist!" Er, der Repräsentant der Nachkriegsgeneration, hat zu begreifen, was die Vergangenheit einst bedeutete und dann anrichtete. Er ist Erbe und Neuschöpfer zugleich. So muß er sich fragen, ob es noch Sinn hat, abermals aufzurichten, was wieder zerstört werden kann, wenn der alte Geist des „Büffels" — freilich unter veränderten Formen — wiederauflebt. Die Menschen sind sich immer gleich geblieben: sie zerstören und bauen auf und zerstören wieder. Die Guten werden wieder die Opfer der Bösen sein. Das Leben ist ein ewiger Kreislauf . . .

Am Ende des Romans vereint die Einweihungsfeier der wiederaufgebauten Benediktinerabtei alle Fähmel-Generationen samt Kindern und Kindeskindern. Die Hoffnung auf eine glücklichere Zukunft wird nicht aufgegeben.

Mit den Schicksalen der drei Hauptfiguren der Fähmelschen Sippe, des Großvaters, Vaters und Sohnes, sind die Schicksale ihrer Frauen und Kinder sowie die vieler anderer Personen verknüpft. In der Hitlerzeit scheiden sich die Geister: sogar innerhalb der Familie kommt es zu Auseinandersetzungen zwischen Hitleranhängern und Hitlerfeinden: so leistet zum Beispiel ein Sohn Heinrich Fähmels Hitler begeistert Gefolgschaft, während der andere sich vor den Schergen Hitlers verbergen muß. Heinrich Fähmels Frau Johanna kann diese Schicksalsschläge nicht überstehen und endet in einer Nervenheilanstalt. Robert Fähmel, wegen seiner Vergangenheit zum Schweigen verurteilt und sich nur dem Liftboy Hugo offenbarend, adoptiert diesen schließlich an Sohnes

Statt und vererbt ihm den gesamten Fähmelschen Landbesitz, auf den alle anderen Fähmels verzichtet hatten.

Eine ausführliche Analyse des Romans „Billard um halbzehn" gibt Therese Poser in dem von Rolf Geißler herausgegebenen Band „Möglichkeiten des modernen deutschen Romans", Frankfurt am Main, 1962.

ANSICHTEN EINES CLOWNS

(1963)

Der Ich-Erzähler dieses Romans Hans Schnier, ist der Sohn eines Großindustriellen, ein „mißratener" Nachkomme der „Braunkohlenschniers", die seit Generationen im Kölner Raum „die geheiligte deutsche Erde" nach Braunkohlen durchwühlen. Schnier entsagt dem Reichtum seiner Familie, pfeift auf die „Scheißmillionen" — Böll scheint in seinen letzten Werken eine Vorliebe für drastische Ausdrücke zu entwickeln — und erwählt den Beruf eines Clowns. Als Clown kann er den Leuten in humorvoller Weise die Wahrheit sagen.

Fünf Jahre lang war er unterwegs. Jetzt kehrt er in seine Heimatstadt Bonn zurück. Verlassen und mittellos sitzt er in seiner Bonner Wohnung, betäubt seinen Schmerz über seine Mißerfolge mit Alkohol und läßt sein vergangenes Leben an sich vorüberziehen.

Zwei Umstände haben vor allem dazu beigetragen, daß er der sogenannten guten Gesellschaft den Rücken gekehrt und Außenseiter geworden ist: Die Verlogenheit seiner Mutter, die während des Krieges eine überzeugte Nationalsozialistin gewesen war und heute eine ebenso überzeugte Präsidentin des Zentralkomitees der Gesellschaft zur Versöhnung rassischer Gegensätze ist und Empfänge für Schwätzer und Snobs gibt, die dem lieben Gott den Tag wegstehlen Wo Schnier hinsieht, überall trifft er auf Profitgier, Angebertum, Heuchelei und Verstellung. Er lehnt sich gegen dieses „Zeitalter der Prostitution" auf.

Der zweite Umstand ist die „Ehe" mit seiner Geliebten Marie Derkum, mit der er fünf Jahre zusammenlebte und die er als seine Frau ansah, ohne sich standesamtlich und kirchlich trauen zu lassen. Schnier ist der Ansicht, daß eine echte Ehe der Legalisierung durch Staat und Kirche nicht bedürfe. Aber Marie hat ihn auf Drängen ihrer katholischen Glaubensgenossen verlassen, „ist zu den Katholiken übergelaufen" und hat Heribert Züpfer, einen führenden Mann des „Dachverbandes katholischer Laien" geheiratet.

Der Weggang Maries hat Hans Schniers Leben zerstört und seinen Beruf vernichtet. Angetrunken und als Clown geschminkt verläßt er seine Wohnung am Abend des gleichen Tages, an dem er die Rückschau auf sein verpfuschtes Leben gehalten hat, begibt sich, eine Zigarette im Mund, zum Bonner Hauptbahnhof, auf dessen Stufen er sich niederläßt und um Almosen bettelt, die ihm die Vorübergehenden in seinen Hut werfen sollen. Dabei singt er leise vor sich hin. „Der arme Papst Johannes hört nicht die CDU, er ist nicht Müllers Esel, er will nicht Müllers Kuh."

TEXTPROBE AUS „ANSICHTEN EINES CLOWNS"

„Bei Christen bin ich noch auf Überraschungen gefaßt, aber bei Katholiken überrascht mich nichts mehr. Ich habe dem Katholizismus große Sympathien entgegengebracht, sogar noch, als Marie mich vor vier Jahren zum erstenmal .mit in diesen „Kreis fortschrittlicher Katholiken" nahm; es lag ihr daran, mir intelligente Katholiken vorzuführen, und natürlich hatte sie den Hintergedanken, ich könnte eines Tages konvertieren (diesen Hintergedanken haben alle Katholiken). Schon die ersten Augenblicke in diesem Kreis waren fürchterlich. Ich war damals in einer sehr schwierigen Phase meiner Entwicklung als Clown, noch keine zweiundzwanzig alt und trainierte den ganzen Tag. Ich hatte mich auf diesen Abend sehr gefreut, war todmüde und erwartete eine Art fröhlicher Zusammenkunft, mit viel gutem Wein, gutem Essen, vielleicht Tanz (es ging uns dreckig, und wir konnten uns weder Wein noch gutes Essen leisten); statt dessen gab es schlechten Wein, und es wurde ungefähr so, wie ich mir ein Oberseminar für Soziologie bei einem langweiligen Professor vorstelle. Nicht nur anstrengend, sondern auf eine überflüssige und unnatürliche Weise anstrengend. Zuerst beteten sie miteinander, und ich wußte die ganze Zeit über nicht, wohin mit meinen Händen und meinem Gesicht; ich denke, in eine solche Situation sollte man einen Ungläubigen nicht bringen. Sie beteten auch nicht einfach ein Vater-unser oder ein Ave-Maria (das wäre schon peinlich genug gewesen, protestantisch erzogen, bin ich bedient mit jeglicher Art privater Beterei), nein, es war irgendein von Kinkel verfaßter Text, sehr programmatisch „und bitten wir Dich, uns zu befähigen, dem Überkommenen wie dem Fortschreitenden in gleicher Weise gerecht zu werden" und so weiter, und dann erst ging man zum „Thema des Abends" über „Armut in der Gesellschaft, in der wir leben". Es wurde einer der peinlichsten Abende meines Lebens. Ich kann einfach nicht glauben, daß religiöse Gespräche so anstrengend sein müssen. Ich weiß: an diese Religion zu glauben ist schwer. Auferstehung des Fleisches und ein ewiges Leben. Oft hatte Marie mir aus der Bibel vorgelesen. Es muß schwer sein, das alles zu glauben. Ich habe später sogar Kierkegaard gelesen (eine nützliche Lektüre für einen werdenden Clown), es war schwer, aber nicht anstrengend. Ich weiß nicht, ob es Leute gibt, die sich nach Picasso oder Klee Tischdeckchen sticken. Mir kam es an diesem Abend so vor, als häkelten sich diese fortschrittlichen Katholiken aus Thomas von Aquin, Franz von Assisi, Bonaventura und Leo XIII. Lendenschurze zurecht, die natürlich ihre Blöße nicht deckten.

✳

Ich nahm den Kognak noch einmal aus dem Eisschrank und trank einen Schluck aus der Flasche. Ich bin kein Säufer. Alkohol tut mir wohl, seitdem Marie gegangen ist. Ich war auch nicht mehr an Geldschwierigkeiten gewöhnt, und die Tatsache, daß ich nur noch eine Mark besaß und keine Aussicht, bald erheblich dazu zu verdienen, machte mich nervös. Das einzige, was ich wirklich verkaufen könnte, wäre das Fahrrad gewesen, aber wenn ich mich entschließen würde, tingeln zu gehen, würde das Fahrrad sehr nützlich sein, es würde mir Taxi und Fahrgeld ersparen. An den Besitz der Wohnung war eine Bedingung geknüpft: ich durfte sie nicht verkaufen oder vermieten. Ein typisches Reicheleutegeschenk. Immer ist ein Haken dabei. Ich brachte es fertig, keinen Kognak mehr zu trinken, ging ins Wohnzimmer und schlug das Telephonbuch auf.

Aus einer Buchkritik über Bölls „Ansichten eines Clowns"

Es ist das Problem des „Naturalisten", daß er zwischen der ungeschminkten und der künstlerisch veredelten Wirklichkeit zu wählen hat. Hauptmann hat sich damit geplagt, Fontane kam damit zurecht, indem er seinen Figuren das eigene Plaudertalent lieh, Hemingway hat es nicht ganz ohne Manier geschafft.
Böll könnte ihr Nachfolger werden. Soll man nach diesem Roman sagen: hätte ihr Nachfolger werden können?

Aber Heinrich Böll mit seiner guten Nase hat diese beste seiner künstlerischen Möglichkeiten nicht gespürt. Statt dessen gibt er sich einer anderen Hundeleidenschaft hin: Er bellt. Wie ein treuer Haushund bellt er alles an, was ihm über den Weg läuft, genauso unermüdlich, unterschiedslos und im Grunde arglos, wie es Hundesitte ist. Es soll vielleicht Satire sein, aber bei den großen Satirikern steckt sie in der Sache selbst. Petronius braucht über den Wanst Trimalchio kein böses Wörtchen zu verlieren. Bölls rheinisches Naturell ist von Hause aus eher gutmütig, lässig, läßt leben. Es kann sich schlecht im großen Zorn entladen, lieber und leichter in Raunzen, Mäkeln, Quengelei.

So hadert Bölls Clown mit Gott und Welt, am unverdrossensten aber mit den Katholiken, die ihm alles eingebrockt haben. Wenn der Farbton nicht so unpassend wäre, müßte man die Katholiken sein rotes Tuch nennen.

Aber Bölls Angriffsziel ist weiter gerückt: Es geht nicht mehr gegen die bien pensants, das mit Geld und Grundsätzen gleich wohlgepolsterte Besitzbürgertum, sondern gegen die „feinen" Katholiken, die liturgisch Gebildeten, die diskussionsfreudig auf der Höhe der Zeit wandeln, aber in den Dingen der Moral und im Seelenfang immer noch so prüde und perfid sind wie in orthodox verstockten Zeiten.

Bölls Selbstporträt und seine Familienpolemik sind freilich verfremdet: Der Clown Hans Schnier ist protestantisch getauft, in einem katholischen Internat erzogen, von Freundin Marie in katholisch-akademische Zirkel eingeführt, seit langem aber rundum ungläubig.

Leider ist die Maske verrutscht: Ein Agnostiker würde weder mit solcher Inbrunst Litaneien singen, sei's auch in der Badewanne, noch hinter jedem Busch einen Katholiken auf der Lauer liegen sehen.

Es muß allerdings angemerkt werden, daß diese Art konfessioneller Hysterie nicht nur in Bölls Vorstellungswelt existiert; daß sie so vergrößert und vergröbert dargestellt ist, kommt der Wirklichkeit immer noch näher als ihre Ignorierung in einer sogenannten realistischen Literatur.

Alles in allem gesehen: auch mit dem Umweg über Hans Schnier junior ist die Objektivierung nicht gelungen. Der Roman versackt im Ressentiment.

Wer an dieser Krise mehr schuld ist, Böll oder Bonn, das ist eine Frage, die keine glatte Lösung kennt. Immer ist es der Autor selber, der sich aus dem Sumpf ziehen muß, und sei's am eigenen Zopf.

(Werner Ross[2])

DIE ERZÄHLUNGEN
UND
KURZGESCHICHTEN
HEINRICH BÖLLS

DER ZUG WAR PÜNKTLICH

(1949)

Der Soldat Andreas steigt in den Urlauberzug Paris—Przemysl und fährt in den Tod. Er weiß, er wird irgendwo zwischen Lemberg und Czernowitz sterben — wir machen seine Bewußtseinszustände mit, die Angst, die Beruhigungen, das Vorbeigleiten und -flirren der Einzelheiten auf dieser Fahrt, das stundenlange Kartenspiel mit den Kameraden. Auch diese Geschichte spielt im letzten Kriegsjahr, die Fronten im Osten sind im Rückzug; aber die Erzählung ist aufgelockerter und zugleich auf die Todes-Vorstellung des Soldaten Andreas zugespitzt, die gleichsam das unverrückbare Ziel der Fahrt bildet, wenngleich noch offenbleibt, wo und wie dieses Ziel erreicht sein wird. Es gibt Verzögerungen und Aufenthalte. Die drei Soldaten verweilen einige Stunden in dem Bahnhof von Przemysl, wo der eine, ein blutjunger Mensch, die entsetzliche Geschichte seiner Erkrankung erzählt — dann fahren sie nach Lemberg, auch auf dieser Fahrt gibt es nächtlichen Aufenthalt in einem von Partisanen besetzten Gebiet; sie erreichen Lemberg, und da sie für den Anschluß zu spät kommen, haben sie einen Tag und eine Nacht Zeit; sie gehen in ein gutes Restaurant und tafeln dort. „Das Leben ist schön", denkt Andreas... „Zwölf Stunden vor meinem Tod muß ich einsehen, daß das Leben schön ist, das ist zu spät." In dem kurzen Blick eines Mädchens hat Andreas einmal die wirkliche menschliche Liebe kennengelernt, sonst nur „Dreck gesehen und Blut und Scheiße und Schmutz gerochen... und Elend... und Zoten gehört, und nur eine Zehntelsekunde... zwölf Stunden oder elf Stunden vor seinem Tode muß er einsehen, daß das Leben schön war". Und dann gehen sie in ein Bordell, und hier lernt Andreas das Mädchen kennen, das, ohne es zu wissen, seine Führerin zum Tode sein wird.

Die junge Polin Olina, die er trifft, die ehemals Musik studierte wie er, die als Dirne und zugleich Agentin des polnischen Widerstandes ihre „Kunden" aushorcht, sieht in dem gleichaltrigen und unschuldigen Deutschen ihren „Bruder" Und Andreas macht eine neue Erfahrung: zu lieben, ohne zu begehren. Die Erzählung, vordem eine geradlinige Fortbewegung, der Fahrt des Zuges entsprechend, erweitert sich jetzt, da wir es nur noch mit zwei Personen zu tun haben, die in einem Raum eingeschlossen sind; die Erzählung erweitert sich nicht nur durch Gespräche — beide

Personen erzählen einander ihre Lebensgeschichte —; sie erweitert sich nicht nur in die Zeiträume: sie erweitert sich zum Übergang. Die junge Polin, die diesen „Feind" nun liebt, gesteht, daß sie schon vorher manche Soldaten, mit denen sie es zu tun hatte, auf ihre Weise geliebt hat; nicht viele waren es, denen sie sich schenkte, nicht viele hat sie „ausgeschaltet aus dem furchtbaren Spiel, an dem wir alle teilnehmen: das Spiel: andere in den Tod schicken, die man nicht kennt". Das hat die Patriotin getan, und jetzt, da sie Andreas kennt und liebt, bahnt sich der Wandel an. „Weißt du", sagt sie und blickt ihn sehr ernst an, „das ist furchtbar, daß alles so sinnlos ist. Überall werden nur Unschuldige ermordet. Überall. Auch von uns. Irgendwie habe ich das immer gewußt." Und in dem Augenblick, da sie ihn sah, die gebeugte junge Gestalt, „da erst fiel mir ein, daß auch wir nur die Unschuldigen morden".

Die Szene wird zum Roman, gelassen erzählt, ohne Pathos, still, aber voll unheimlicher Spannung: denn immer noch wartet der Tod auf Andreas. Jetzt konzentriert sich das zu Erwartende in dem Ortsnamen Stryj, der ihm grausam klingt wie ein Todesurteil, wie der Name „Bjeljogorsche" in „Wo warst du, Adam?" die Monotonie des Todes hörbar macht. Das Mädchen will den Geliebten retten; die Möglichkeit bietet sich ihr, da ein General sie „kaufen" oder „mieten" will und ihr seinen Wagen schickt. Die beiden fahren mit den Kameraden, mit denen Andreas gereist ist, ab, sie wollen ins Gebirge fliehen — unterwegs aber, bei der Ortschaft Stryj, wird der Wagen in voller Fahrt von einem Tiefflieger getroffen, und das Ende ist da: Andreas liegt auf der Straße, über ihm die blutende Leiche des Mädchens, das noch vor kurzem zu ihm gesagt hatte: „Wohin ich dich führen werde, es wird das Leben sein."

Vielleicht mag die Geschichte für manchen ein wenig das Melodramatische streifen; ihr Sinn scheint doch der zu sein, daß der Krieg den Durchbruch, den Übergang vom sogenannten Wirklichen zum Überwirklichen, vom Sinnlosen zum Sinnvollen, unmöglich macht. Das retardierende Moment in der Bordellszene kommt nicht auf gegen das Todesmotiv, das sich in dem Namen „Stryj" konzentriert. Vor allem ist das Motiv des pünktlich fahrenden Eisenbahnzuges entscheidend . . .[3])

SO EIN RUMMEL!

(1950)

Die „Frau ohne Unterleib" scheint eines der „charmantesten Frauenzimmer", eine „bescheidene Hausfrau" zu sein, die „an der Sonnenseite der kleinen Terrasse" sitzt, die neben ihrem Wohnwagen auf dem Rummelplatz angebracht ist. Sie verhilft einem ehemaligen Schwarzhändler, der wieder ehrliche Arbeit sucht und an dem sie Gefallen findet, aus persönlicher Sympathie heraus zu einer Beschäftigung, indem sie ihm die Verwaltung der Kasse ihres Unternehmens, ihrer Schaubude, überträgt.

Mit der einen Seite ihres Wesens ist sie eine Frau mit Herz. Mit der anderen die „Frau ohne Unterleib", ein Mensch, dessen Gefühle der Krieg verhärtet oder gar abgetötet hat. Die Spiele ihrer Kinder offenbaren sie als einen solchen. „Die Spiele der Kinder sind wahrer als die Scheinwirklichkeit der Erwachsenen, die so tun, als ob alles in Ordnung wäre." Ihre „originellen" Spiele enthüllen die Furchtbarkeit des Daseins, die Grausamkeit und Schrecken der Vergangenheit, die noch in die Gegenwart hineinreichen und in ihr noch lebendig sind.

Die drei Kinder der Frau ohne Unterleib spielen das „Neandertaler"-Spiel. Es besteht darin, daß das älteste Kind, ein „blonder Bengel" von acht Jahren, versucht, den beiden jüngeren, einem Jungen und Mädchen, die das Neandertalerpaar darstellen, die Kinnladen auszuhängen, um sie ins Museum zu bringen.

Des Spiels überdrüssig, suchen die Kinder nach neuen Spielen. Dreimal unterbrechen sie die Unterhaltung der Mutter mit dem Schwarzhändler, um sich von ihr Anregungen zu holen.

„Laßt die Quälerei", sagte die Mutter, wobei sie in ihren sanften, grauen Augen eine Belustigung unterdrückt, „spielt doch Bunker oder Totalgeschädigt" — als ob das harmlosere, „sanftere" Spiele wären.

Nacheinander spielen nun die Kinder „Bunker oder Totalgeschädigt", „Flüchten vor den Russen" und „Sterben" und decken damit einen Weltzustand auf, der den Menschen als grausame Bestie und seine Existenz als fragwürdig kennzeichnet.

Der Mutter ist das Makabre dieser Kinderspiele und die Widersprüchlichkeit ihres Tuns nicht bewußt. Während sie die Kinder zu diesen „originellen" Spielen anregt, versucht sie gleichzeitig dem Schwarzhändler zu einer neuen Existenz zu verhelfen. Noch ganz in der grausigen Wirklichkeit der Vergangenheit befangen, ist sie doch willens, sie zu überwinden.

So spielt diese Kurzgeschichte gewissermaßen auf drei Ebenen. Die Ebene der Vergangenheit, gekennzeichnet durch Fanatismus, Bombenkrieg, Flüchtlingsnot und Untergang, die sich im Spiel der Kinder enthüllt; die Ebene der Gegenwart, gekennzeichnet durch den Versuch des Schwarzhändlers, nach seinem Existenzverlust zu neuer, sinnvoller Tätigkeit zu gelangen: „Geben Sie mir eine Chance ...", ruft er verzweifelt der Frau ohne Unterleib zu; und schließlich die Ebene der Zukunft, der Überwindung des Krieges und der Not, gekennzeichnet durch die ü b e r dem Spielplatz der Kinder gelegene sonnige Terrasse mit ihren rotblühenden Geranien und ihrer ruhigen Atmosphäre einer friedlichen Existenz.

Trotz ihrer Vieldeutigkeit beginnt auch diese Kurzgeschichte Bölls zu veralten, weil sie zu sehr zeitgebunden ist. Wo gibt es heute noch Kinder, die solche Spiele spielen wie die Kinder der Frau ohne Unterleib? Allenfalls die Eltern der jetzt lebenden Generation haben noch eine echte Vorstellung davon, was es heißt, im Bunker zu leben, totalgeschädigt zu sein oder vor den Russen fliehen zu müssen. Diese Alltagsereignisse des zweiten Weltkrieges werden denjenigen erst erläutert werden müssen, die sie nicht mehr selbst erlebt oder noch in Erinnerung haben.

Kaum eine Erzählung Bölls ist so häufig interpretiert worden wie die Kurzgeschichte „So ein Rummel!" Wir geben daher im folgenden einige charakteristische Auszüge aus Interpretationen dieser Geschichte wieder.

Helmut Motekat[4]): „Der erste Satz der Kurzgeschichte stößt mitten in die Situation hinein. Er erfaßt die Hauptgestalt der Erzählung in dem doppelten Aspekt, unter dem die ganze kleine Welt des Geschehens erscheint. Die Welt des Rummels ist gegenwärtig im ersten und letzten Bild des ersten Satzes. Zu ihr gehören „Frau ohne Unterleib" und der „Wohnwagen" „Frau ohne Unterleib" — das ist die Funktion dieser Gestalt in der Scheinwelt des Rummels. Hinter dem Schein tritt aber das wahre, unverstellte Sein hervor: als „bescheidene Hausfrau" sitzt sie auf der kleinen Terrasse an ihrem Wohnwagen in der Sonne. Während das scheinhaft blendende „ohne Unterleib", die Sensation des Abnormen erweckend, dem Natürlichen, Echten, Wesentlichen zuwiderläuft, ist der „entzückende, sombreroartige Strohhut Ergänzung und natürlich wirkende Bestätigung der naturhaft wahren, echten Seinsweise des Fraulichen.

Der zweite Satz schließt unmittelbar an: zum sichtbar gewordenen unverstellt Wesentlichen dieser in Wahrheit „bescheidenen Hausfrau" gehören auch ihre drei Kinder. Die Seinswelt des Kindesalters ist die Welt des Spiels. Das Spiel der Kinder verwirklicht die Situation der Gegenwart. Das, was sie spielen, ist die Ursache dafür, daß der Schwarzhändler auf der Terrasse des Wohnwagens der Frau ohne Unterleib gegenübersitzt, erfüllt von der einen Bitte: „Geben Sie mir eine Chance!" (Sie überträgt ihm die Verwaltung der Kasse ihrer Schaubude.)

Dieses Vertrauen, verkörpert und gewährt von einer Frau, die in der Scheinwelt der Schaubude „die Frau ohne Unterleib darstellt, in Wirklichkeit aber echte, natürlich verbliebene Frau und Mutter ist, erweist sich als Kraft, die stark genug ist, dem Dasein wieder einen Sinn zu geben und die Welt wieder zu einer solchen zu machen, in der die Kinder ein Leben spielen können, das nicht „Bomben", „Russen", „Flüchtling" heißt, sondern positive Tätigkeiten, mit denen die Erwachsenen im Beruf den Sinn ihres Daseins erfüllen."

Irrt hier nicht Motekat? Ist diese Frau wirklich eine „echte, natürlich verbliebene Frau und Mutter", die die „Kraft hat, dem Dasein wieder einen Sinn zu geben", wenn sie ihre Kinder zu solch grausamen Spielen anregt und sie die harte, noch unbewältigte Vergangenheit ins Spiel umsetzen und damit immer wieder verlebendigen läßt? Sollte sie nicht, wie sie als Frau dem stellungslosen Schwarzhändler die Wege zu einem neuen sinnerfüllten Leben öffnet, auch als Mutter — und gerade als Mutter! — ihren Kindern andere Spiele lehren und ihren Spieltrieb in sinnvollere, „positive" Bahnen lenken?

Die Deutung von Annelise Philippen[5]) scheint den Sinn der Geschichte besser zu erfassen:

„Die Demaskierung der Mutter als Frau ohne Unterleib ist hier vollzogen. Ihre sonnige Terrasse, ihre Blumen, ihr entzückender Strohhut, all diese Attribute einer ordentlichen und friedlichen Bürgerlichkeit stellen einen falschen Anspruch. Ihre sanften grauen Augen täuschen. Die spielenden Kinder enthüllen die Wahrheit. Es ist die Wahrheit, daß der Krieg die Seele getötet hat, da in der Scheinwelt des „Als ob" die Menschen weiterleben, ohne sich dieses Verlustes überhaupt bewußt zu sein. Die Mutter schlichtet den Kinderstreit mit denselben formelhaften Worten, mit denen alle Mütter zu allen Zeiten Kinderstreit geschlichtet haben: „Sag . . . ich hätte gesagt . . ., er sei an der Reihe . . ." Aber

das Wort, das sie, auf dieses Spiel der Kinder in diesem Augenblick bezogen, in die Formel einsetzt, macht diese vertraute Wendung zu etwas Ungeheuerlichem. Die in ihrer Direktheit simple Brutalität ist nicht zu überhören. „Sag Fredi, er soll sterben, ich hätte gesagt, er sei jetzt an der Reihe mit Sterben." Das sind die letzten Worte, die in der Kurzgeschichte die Mutter an ihre Kinder richtet. Dann kehrt Ruhe ein, nach all dem Lärm und Geschrei eine wohltuende Stille, die so zweideutig und falsch ist wie die sonnenbeschienene Terrasse am Anfang ...
Die Kurzgeschichte, die am Anfang in der Frau ohne Unterleib die bescheidene Hausfrau und Mutter zu entdecken schien, demaskiert in ihrem Verlauf diese bescheidene Hausfrau und Mutter als Frau ohne Unterleib, als Rummelplatzwesen, als Monstrum. Die sonnige Terrasse enthüllt sich als Schreckensort, die Bürgerlichkeit als Brutalität. Das Spiel der Kinder überführt die Mutter. Daß die Personen der Geschichte diese Brutalität nicht spüren, daß sie sie im Gegenteil als etwas Selbstverständliches akzeptieren und damit umgehen wie mit etwas Alltäglichem, ist das Mittel des Dichters, diese Brutalität dem Leser um so entsetzlicher zu machen."
Wie die Deutung Helmut Motekats ist auch die von Annelise Philippen einseitig: Als „Monstrum" erscheint die Frau ohne Unterleib keineswegs dem Schwarzhändler gegenüber, mit dem sie Mitleid hat und dem sie — wenn auch aus persönlicher Sympathie — zu einer neuen Stellung, ja sogar zu einer Vertrauensstellung verhilft. Auch sei es dahingestellt, ob die sonnenbeschienene Terrasse mit ihren rotblühenden Geranien, die durch eine Balustrade vom Spielplatz der Kinder getrennt ist und ü b e r ihm liegt, als „Schreckensort" definiert werden muß. Schließlich vollzieht sich ja auf diesem Schauplatz etwas, das Dinge, wie sie die Spiele der Kinder darstellen, überwindet. Die Wahrheit scheint also in einer Kombination der Deutungen Helmut Motekats und Annelise Philippens zu liegen: Einerseits, so besonders im Verhalten zu ihren Kindern, trägt sie noch die unbewältigte Vergangenheit als verdrängten Komplex in sich, andererseits, im Verhalten dem notleidenden stellungssuchenden Schwarzhändler gegenüber, setzt sie wieder Vertrauen in den guten Willen des Menschen und versucht, neues Leben aus den Ruinen des Krieges erblühen zu lassen.
Eine weitere Deutung dieser Kurzgeschichte findet sich bei Robert Hippe, Interpretationen zeitgenössischer deutscher Kurzgeschichten, Band II, Hollfeld/Obfr. o. J.

DIE UNGEZÄHLTE GELIEBTE

(1950)

Einem Kriegsversehrten, dem im Kriege beide Beine abgeschossen wurden und der, obwohl „sie ihm die Beine geflickt haben", zum Krüppel geworden ist, ist von einer Behörde ein Posten gegeben worden, wo er sitzen kann: an einem belebten Brückenübergang muß er zwecks Statistik die Passanten zählen. Der Kriegsversehrte unterzieht sich zwar dieser neuen ihm Pflicht auf gewissenhafte Weise, aber zugleich mit dem Bewußtsein der Sinnwidrigkeit und Bedeutungslosigkeit seines Tuns. Er, der dem Tod ins Auge geschaut hat, der Wert und Unwert des Lebens an sich selber erfahren hat, weiß um die Nichtigkeiten des Alltäglichen; er ist sich angesichts eigener erschütternder Erlebnisse bewußt geworden, daß das Wesentliche nicht die Dinge selber sind, sondern daß es das ist, was hinter den Dingen steht, daß der Lauf der Welt und das Getriebe der Menschen nicht berechenbar sind und daß — um mit Novalis zu sprechen — weder Zahlen noch Figuren die Schlüssel aller Kreaturen sind.

Umso größer die Diskrepanz zwischen diesen Erkenntnissen und der jetzigen notgedrungenen Tätigkeit des Kriegsversehrten, der die Passanten auf der Brücke zählen muß Mit mitleidiger Ironie betrachtet er seine behördlichen Auftraggeber, denen Zahlen und Statistiken alles bedeuten: „Es macht ihnen ja Spaß, sich ihre Tüchtigkeit mit Zahlen zu belegen, sie berauschen sich an diesem sinnlosen Nichts aus ein paar Ziffern, und den ganzen Tag, den ganzen Tag, geht mein stummer Mund wie ein Uhrwerk, indem ich Nummer auf Nummer häufe, um ihnen abends den Triumph einer Zahl zu schenken. Ihre Gesichter strahlen, wenn ich ihnen das Ergebnis meiner Schicht mitteile, je höher die Zahl, um so mehr strahlen sie . . ."

Der Leser spürt an dem bloßen „die" und „sie" die Verächtlichkeit, die der Kriegsversehrte seinen anonymen Auftraggebern entgegenbringt, diesen Auftraggebern, die sich an dem „Triumph einer Zahl" zu berauschen wissen.

„Aber ihre Statistik stimmt nicht." Die Sinnlosigkeit eines rein mechanischen Tuns wird offenbar, der Widerspruch zwischen dem lebendigen Sein und dem nur rechnerisch erfaßten Bild der Wirklichkeit. Der Kriegsversehrte, keineswegs nur l'homme machine und längst im Besitz der tieferen Wahrheit dieses Lebens, steht souverän über der toten Welt der Zahlen: „Insgeheim macht es mir Freude, manchmal einen zu unterschlagen und dann wieder, wenn ich Mitleid empfinde, ihnen ein paar zu schenken. Ihr Glück liegt in meiner Hand. Wenn ich wütend bin, wenn ich nichts zu rauchen habe, gebe ich nur den Durchschnitt an, manchmal unter dem Durchschnitt, und wenn mein Herz aufschlägt, wenn ich froh bin, lasse ich meine Großzügigkeit in einer fünfstelligen Zahl verströmen. Sie sind ja so glücklich! Sie reißen mir jedesmal das Ergebnis förmlich aus der Hand, und ihre Augen leuchten auf, und sie klopfen mir auf die Schulter. Sie ahnen ja nichts!"

Das, was die Statistiker nicht ahnen — obwohl sie „einen gewissen prozentualen Verschleiß" berücksichtigen — sind die Antinomien des Lebens; sie beziehen nicht seine Unberechenbarkeit in ihre Rechnung ein; sie nehmen die Zahl als einen unabdingbar gültigen, absoluten Wert.

Ja mehr noch: mit diesem Wert operieren sie, manipulieren sie, um die Zukunft zu erhellen, zu erkennen und festzulegen; ein hybrides Unternehmen, weil es nicht die Imponderabilien des Daseins mit in Rechnung stellt.

Als ein solches Imponderabile erscheint nun die „kleine Geliebte", die ungezählte Geliebte, nach der die Geschichte benannt ist. Sie veranschaulicht nun in concreto, was der Kriegsversehrte bisher in abstracto erörtert hatte: den Triumph eines reinen menschlichen Gefühls, hier der Liebe, über die rationalistische Welt der Zahl. Aus diesem Gefühl heraus gewinnt der Kriegsversehrte Macht über diese Welt, wird, anstatt ihr Sklave zu sein, ihr Herr und gelangt so zu einer eigenen, inneren Freiheit, obwohl oder gerade weil seine äußere so sehr beschränkt ist. „Ich fange erst wieder an zu zählen, wenn sie nicht mehr zu sehen ist. Und alle, die das Glück haben, in diesen Minuten vor meinen blinden Augen zu defilieren, gehen nicht in die Ewigkeit der Statistik ein: Schattenmänner und Schattenfrauen, nichtige Wesen, die im zweiten Futur der Statistik nicht mitmarschieren werden..." Der Kriegsversehrte und mit ihm der Verfasser der Kurzgeschichte sehen es als ein „Glück" an, nicht mitgezählt zu werden, nicht „erfaßt" zu werden, sondern frei zu bleiben, Persönlichkeit zu bleiben in einer Welt, in der alles rationalisiert und mechanisiert und der statistischen Berechnung ausgeliefert ist.

So wirft die kleine Geliebte, Symbol der Schönheit des Lebens, obwohl sie selber nichts davon ahnt, „auf ungeheure Weise alle Berechnungen über den Haufen". Selbst bei einer Kontrolle, von der der Zähler betroffen wird, gelingt es ihm, sie bei der Zählung auszulassen: „Niemals im Leben werde ich dieses hübsche Kind ins zweite Futur transponieren lassen, diese meine kleine Geliebte soll nicht multipliziert und dividiert und in ein prozentuales Nichts verwandelt werden." So rettet der Kriegsversehrte den geliebten Menschen, den Menschen schlechthin vor der Gefahr, Nummer zu werden in dem „seelenlosen Apparat der modernen Zahlenwelt", einer Gefahr, der er selber fast anheimgefallen wäre: „Es ging ja glatt um meine Existenz." Aber auch diese scheint gerettet zu sein: ein anderer Auftrag, nämlich Pferdewagen zu zählen, von denen es höchstens fünfundzwanzig am Tage gibt, läßt die Möglichkeit offen, wieder Mensch zu sein und Muße zu haben, dieses köstlichste Geschenk der Freiheit.

WIR BESENBINDER

(1950)

Die Kurzgeschichte „Wir Besenbinder" zerfällt in drei Teile: 1. Ein Schüler, dem es nicht gelingen will, Mathematik zu begreifen, der jahrelang in diesem Fach eine „Fünf" hat und sie hinter sich herschleppt wie ein Sträfling die schwere Kugel an seinen Füßen, wird von seinem Mathematiklehrer immer als „Besenbinder" bezeichnet. Nur in einer Kunst ist der Schüler seinem Lehrer überlegen: Die Kreise an der Wandtafel, die jenem nicht gelingen, vollendet er für ihn fehlerlos. Bei Kriegsausbruch wird der Schüler zum Wehrdienst einberufen.

2. Kaum zwei Monate später hockt er auf seinem Tornister im tiefen Schlamm des Flugplatzes von Odessa und beobachtet einen wirklichen Besenbinder. Er verfolgt aufmerksam dessen friedliche Tätigkeit, um die er ihn beneidet, und erinnert sich wieder seines Mathematiklehrers.

3. Das Flugzeug, in dem er mit anderen Soldaten abtransportiert wird, gerät in einen Angriff. In den Bahnen der feurigen Geschosse, „der ewig unvollendeten Kreise, die aufflammten über dem Himmel, und niemals, niemals zum Ausgangspunkt zurückkehrten, die niemals sich rundeten zur vollendeten Schönheit des Kreises" erkennt er die stümperisch gezogenen Kreisbogen seines Mathematiklehrers wieder. Er wird getroffen und schließt sterbend den feurigen Bogen zum Kreis, indem er „an den Himmel greift", die heftig ausschlagende gelbe Schlange festhält und mit heißem Atem und schmerzlich zuckendem Mund Punkt zu Punkt

führt, bis ein ungeheurer zischender Kurzschluß den vollendeten Kreis mit Licht und Feuer füllt . . ."

Die Beziehung zwischen den unvollendeten Kreisen des Lehrers und den vollendeten des Schülers im ersten Teil der Geschichte und den feurigen Bahnen der Geschosse im dritten Teil der Geschichte ist offenbar. Die Sinnbeziehung der Kreise und Geschoßbahnen ist die einzige Verbindung zwischen den beiden Teilen, die sonst völlig unabhängig nebeneinander stehen. Aber wie der dritte Teil der Geschichte erst vom ersten seinen Sinn erhält, macht der erste überhaupt den dritten möglich. Denn indem der Schüler, der inzwischen Soldat geworden ist, die zuckenden, knatternden Schlangenlinien der Geschoßbahnen zu einem „wunderbaren runden Bogen eines Kreises" vollendet, vollendet er sich gleichzeitig selbst.

Die Gestalt des Besenbinders im zweiten Teil der Kurzgeschichte verbindet — auch textlich in der Mitte stehend — den ersten mit dem dritten Teil Das Scheltwort des Lehrers wird durch sie aufgewertet, das Unvollkommene erscheint als vollkommen — auch hier.

Eine weitere Deutung dieser Kurzgeschichte findet sich bei Robert Hippe, Interpretationen zeitgenössischer deutscher Kurzgeschichten, Band II, Hollfeld/Obfr. o. J.

MEIN TRAURIGES GESICHT

(1950)

Die Kurzgeschichte „Mein trauriges Gesicht" ist eine Satire auf jedes totalitäre Regime, das sich anmaßt, nicht nur das gesellschaftliche Zusammenleben seiner Untertanen bis ins einzelne zu reglementieren, sondern auch noch in die eigenste private Sphäre der Menschen einzudringen, Gefühle und Haltungen „amtlich" vorzuschreiben und Denkweisen zu bestimmen.

Der fiktive Erzähler wird seines traurigen Gesichtes wegen verhaftet, weil ein soeben in Kraft getretenes staatliches Gesetz vorschreibt, daß jeder Staatsbürger glücklich zu sein und seinem Gesicht den Ausdruck einer gehobenen Freude zu verleihen habe. die man staatlicherseits von ihm erwartet.

Wie genau die Vorschriften sind, zeigt sich daran, daß befohlen ist, bei Beginn der Arbeit zu jubeln und zu singen, bei Arbeitsschluß aber eine nicht zu große Freude zu zeigen, weil sich dann erweisen könne, daß die Arbeit eine Last ist.

Der Polizist, der den Erzähler verhaftet, ist ernst wie ein Büffel, der seit Jahrzehnten nichts anderes gefressen hat als die Pflicht. Dem Erzähler, der mit „Mein Herr . . .!" gegen die Verhaftung protestiert, macht der Polizist klar, daß es keine „Herren" mehr gäbe, sondern nur noch „Kameraden", Genossen. Er mißhandelt ihn pflichtgemäß nach „Stufe 1", bringt den als „Verräterschwein" gekennzeichneten und von jedem „loyalen" Staatsbürger angespuckten Delinquenten zum nächsten Polizeirevier, wo er verhört, erneut gemißhandelt wird, „wie das Gesetz es befahl", und schließlich wegen seines traurigen Gesichtes zu zehn Jahren Zuchthaus verurteilt wird, wie er schon einmal seines glücklichen Gesichtes wegen zu fünf Jahren Zuchthaus verurteilt worden war, weil er an einem Tage Freude zeigte, als anläßlich des Todestags des Staatschefs allgemeine Trauer befohlen war.

In solch einem totalitären Staat ist es das Beste, „gar kein Gesicht mehr zu haben" und zu versuchen, die nächsten Jahre gemäß der Parole des derzeitigen Staatschefs bei „Glück und Seife" zu überstehen . . .

Die Kurzgeschichte Heinrich Bölls behandelt, wie Robert Ulshöfer[6]) in seiner Interpretation ausgeführt, „das Thema der Entwürdigung des Menschen durch den totalitären Staat und des Unwesens eines solchen Staates".

Er schreibt: „Wie zeichnet der Verfasser den mechanistischen Staat? Der Polizist als Vertreter der Staatsallmacht ist die beherrschende Gestalt. Er fragt nicht, ob die Gesetze sinnvoll sind, er überwacht ihre uneingeschränkte Durchführung . . . „Er war ernst wie ein Büffel, der seit Jahrzehnten nichts anderes gefressen hat als die Pflicht." Hier steht Pflicht für Befehl, für unbedingte Unterwerfung, Ausschalten jeder menschlichen Regung, Verzicht auf Sinnfrage. Während für den mündigen Menschen das Gewissen das Verpflichtende ist, tritt hier das politische System, die Ideologie der herrschenden Partei an seine Stelle . . . Der Bürger hat keine Rechte. Recht hat immer nur der Gesetzgeber . . . Die herrschende Partei erklärt sich als Beauftragte und Vollstreckerin des Volkswillens. Sie erhebt ihr politisches Programm zu einem weltanschaulichen Bekenntnis. Jedes Gesetz wird zum Dogma erhöht. Gesetze regeln nicht nur das politische Zusammenleben der Menschen, sondern greifen sogar in den privaten Bezirk der Bürger ein. Die Gesetze müssen nicht nur erfüllt, sie müssen auch als richtig und gut und das Volkswohl fördernd geglaubt und bezeugt werden. (So zum Beispiel die den Staatsabsolutismus kennzeichnenden Einrichtungen der staatlichen „Liebeskaserne" und staatlichen Kneipe, die den Bierkonsum der Bürger reglementiert, sowie die Parole „Glück und Seife", nach der sich jeder zu richten hat.)

Darüber hinaus verkündet der Staat noch, daß Freiheit und Demokratie die Grundlagen des Staates seien. Wer es wagt, eine andere Meinung, einen persönlichen Glauben, ein der eigenen Überzeugung gehorsames Gewissen oder einen eigenen Geschmack zu haben, wird als Widersacher des Staates abgeurteilt.

Wo immer ein solcher Staat sich absolut setzt, mißachtet er die private Sphäre seiner Bürger, erniedrigt er den freien Bürger zum gefügigen Werkzeug. Jede Staatsallmacht begründet Zwang, Sklavengehorsam. Die Folge ist die Furcht der Bürger. Wenn der Staat darüber hinaus den Zwang noch als Freiheit ausgibt und als solche von den Bürgern bezeugt und verherrlicht wissen will, so verkehrt er die Worte in ihr Gegenteil: Lüge soll Wahrheit, Zwang Freiheit sein. Er zwingt die Bürger zur Maske und zur Unwahrhaftigkeit: „Ich aber muß versuchen, gar kein Gesicht mehr zu haben, wenn es mir gelingt, die nächsten zehn Jahre bei Glück und Seife zu überstehen."

Die Ironie wird zur Groteske, zu einer Anklage gegen jede Art von totalitärem Staatssystem."

DER TOD DER ELSA BASKOLEIT

(1951)

Zuweilen gelingen Böll Erzählungen von einer außerordentlichen Dichte und inneren Geschlossenheit. Eine solche ist die Kurzgeschichte „Der Tod der Elsa Baskoleit", die deswegen so echt und ergreifend wirkt, weil in ihr keines der stilistischen Mittel Bölls, weder beißende Ironie noch groteske Absurdität, die sonst seine Erzählungen verfremden, zur Anwendung kommt und den Gesamteindruck stört.

Im Mittelpunkt der Geschichte stehen die beiden Gestalten des alten Händlers Baskoleit, der im Keller eines Hauses einen primitiven Kramladen unterhält, und seiner Tochter Elsa, die Tänzerin werden will und im gelbgetünchten Kellerraum neben Baskoleits Küche für ihren zukünftigen Beruf übt: „ein blondes, schlankes Mädchen, das auf den Zehenspitzen stand, mit einem grünen Trikot bekleidet, blaß, minutenlang schwebend wie ein Schwan, herumwirbelnd oder springend, sich überschlagend. Vom Fenster meines Schlafzimmers aus konnte ich sie sehen, wenn es dunkel war: im gelben Rechteck des Fensterausschnittes ihr giftgrün bekleideter magerer Körper, das blasse angestrengte Gesicht und ihr blonder Kopf, der im Sprung manchmal die nackte Glühbirne berührte, die anfing zu schwanken und ihren gelben Lichtkreis auf dem grauen Hof für Augenblicke erweiterte. Es gab Leute, die über den Hof riefen: „Hure!" und ich wußte nicht, was eine Hure war; es gab andere, die riefen: „Schweinerei!" und obwohl ich zu wissen glaubte, was Schweinerei war: ich konnte nicht glauben, daß Elsa etwas damit zu tun hatte."

Baskoleit, der trotz seines polternden Wesens gütig ist und die Kinder mit Äpfeln und Apfelsinen beschenkt, entzieht seine Tochter den lüsternen Blicken und üblen Beschimpfungen der Nachbarn, indem er Elsas Zimmer mit dicken samtgrünen Vorhängen versieht, und läßt in dem Erzähler der Begebenheit nur um so mehr die Sehnsucht nach dem Anblick des Mädchens anwachsen: „Ich blickte jeden Abend auf dieses mattschimmernde Rechteck und sah sie, obwohl ich sie nicht sehen konnte: Elsa Baskoleit im giftgrünen Trikot, mager und blond, für Sekunden schwebend unter der nackten Glühbirne."

Die Erinnerung an diese Traumgestalt seiner Jugendzeit bleibt in dem Erzähler haften, auch als er während des langen folgenden Krieges Elsa Baskoleit und ihren Vater aus den Augen verliert. Als er nach vielen Jahren in seine alte, durch den Krieg zerstörte Stadt zurückkehrt, und es ihm als Fahrer eines Obstgroßhändlers gelingt, Arbeit zu finden, entdeckt er die Spur des alten Baskoleit wieder: er findet in den Trümmern der vom Bombenkrieg zerstörten Häuser den alten, völlig gebrochenen Mann in seinem verwahrlosten Kramladen, in dem er minderwertigen Essig, feucht gewordene Suppenwürze und verklumpten Scheuersand verkauft. Er stammelt unentwegt nur ein Wort: „Meine Tochter ist gestorben — Elsa ist tot!" Wann und wie sie gestorben ist, erfahren wir nicht.

Zwischen den Besuchen zweier Kundinnen steht der Erzähler dem alten Baskoleit selbst gegenüber. Seine eigene Jugendzeit, in der er so klein gewesen war, daß seine Nase noch unterhalb des

Thekenrandes ruhte, das Bild des im grünen Trikot tanzenden und von den Nachbarn verlästerten Mädchens taucht vor ihm auf: „Unendlich lange schien ich dort zu stehen, verloren und vergessen, während um mich her die Zeit wegrieselt. Ich konnte mich erst losreißen, als wieder eine Frau den Laden betrat." Einen blassen, dunklen Jungen, der draußen vor dem Kramladen auf einem Mauerrest gehockt hatte und nun die Armatur des Wagens des Erzählers bestaunt, beschenkt der Erzähler mit Äpfeln, ähnlich wie Baskoleit früher, als seine Tochter noch lebte, die Kinder der Straße mit Äpfeln und Apfelsinen beschenkt hatte. Die Erschütterung des Erzählers macht sich Luft, das Leben geht weiter...

Jakob Lehmann[7]) urteilt in seiner Interpretation dieser Kurzgeschichte: „Besonders wirkungsvoll ist in dieser Erzählung das Stilmittel des Gegensatzes verwendet. Die Szenen des tanzenden Mädchens, des Einkaufs der beiden Frauen und das Bild der Stadt und Straße von einst und heute leben ganz aus der Kontrastwirkung. Sie erfährt noch eine Steigerung in der Beschreibung des Ladens, der wie stehengeblieben wirkt in dem Ehemals und Einst. das noch schöne Hoffnungen für die Zukunft barg. Es ist eine Welt von gestern — freilich eine zerfallene, deren Atmosphäre gerade in der harten, gefühllosen Gegenständlichkeit der Dinge ringsum eingefangen ist: in dem „Emailleschild mit einem blonden grinsenden Jungen, der eine Schokolade aß, die es schon seit Jahren nicht mehr gibt", in dem „Glaskasten, der den Namen einer Keksfirma trug und jetzt nur staubige Tüten mit Papiermehl enthielt." Ein Hauch von Vergangenheit weht den Besucher an, der schon immer vorhanden war, jetzt aber die ganze Zerstörung und Sinnentleerung der Gegenwart leibhaftig macht.

Überschauen wir das Gefundene, dann spüren wir an dieser gelungenen Kurzgeschichte, „wie alles im Ganzen und wie das Ganze zum einzelnen stimmt". Wort- und Motivwahl, Aufbau und Darstellung, Inhalt und Sinngehalt vermählen sich aufs engste und schaffen jene Dichtheit der Atmosphäre, der sich niemand entziehen kann, weil sie über vordergründige Milieuschilderung und Lokalkolorit hinausweist in seelische Räume... Unsere Erzählung löst sich damit von den gellenden Anklagen und Kraßheiten anderer Kurzgeschichten mit Nachkriegsthemen und wendet sich jenem stillen Austragen und Zu-Ende-Bringen zu, wie es die namenlose Einsamkeit des alten Baskoleit stellvertretend für ungezählte Schicksale unserer Zeit in ergreifender Weise verkörpert

Der versöhnliche Schluß weist schließlich einen Weg **für unsere
Tage:** immer der abgrundtiefen Trauer eingedenk zu bleiben,
die sich für viele nicht mehr stillen läßt, und jene schenkende
Liebe zu beweisen, die das Leid zwar nicht verhüten, aber leichter machen kann — solange es noch nicht zu spät ist."

DIE WAAGE DER BALEKS

(1952)

Die Baleks sind ein Herrengeschlecht, dem neben einem Schloß
große Ländereien und weite Wälder gehören. Ihnen tributpflichtig
sind die Dörfler der näheren und weiteren ᴜmgebung, die in den
ʰerrschaftlichen Flachsbrechen arbeiten und ihre Erträge an die
Balek nimmt die abgelieferten Waren an, wiegt sie ab und zahlt
sie in den Wäldern finden und sammeln, an die Baleks ab: Pilze,
Kräuter, Heublumen, für die es ein dürftiges Handgeld gibt. Frau
Balek nahm die abgelieferten Waren an, wog sie ab und zahlte
das Geld dafür aus. Vor ihr „stand auf dem Tisch die große Waage
der Baleks, ein altertümliches, verschnörkeltes, mit Goldbronze
bemaltes Ding, vor dem die Großeltern meines Großvaters schon
gestanden hatten, die Körbchen mit Pilzen, die Papiersäcke mit
Heublumen in ihren schmutzigen Kinderhänden, gespannt zu-
sehend, wieviel Gewichte Frau Balek auf die Waage werfen
mußte, bis der pendelnde Zeiger genau auf dem schwarzen Strich
stand, dieser dünnen Linie der Gerechtigkeit, die jedes Jahr neu
gezogen werden mußte. Dann nahm Frau Balek das große Buch
mit dem braunen Lederrücken, trug das Gewicht ein und zahlte
das Geld aus, Pfennige und Groschen und sehr, sehr selten einmal
eine Mark."

Da keiner im Dorf und in der näheren Umgebung eine Waage im
Hause haben darf — so haben es die Baleks bestimmt —, ist eine
Gewichtskontrolle unmöglich. Man muß sich auf die Waage der
Baleks verlassen. Eines Tages aber entdeckt der Großvater des
Erzählers durch einen Zufall, daß für jedes Pfund, das die Waage
der Baleks anzeigt, fünfeinhalb Deka (55 Gramm) mehr in die
Waagschale geworfen werden müssen. Die Baleks entpuppen sich
als Betrüger; aber selbst, daß die Waage und das dicke Buch, in
dem jedes Kilo Pilze, jedes Kilo Heublumen, alles eingetragen
war, was von den Baleks im Dorf gekauft worden war, im Auf-

trag der Dorfgemeinschaft gestohlen wird, um zu errechnen, um wieviel sich die Baleks im Laufe der Jahrzehnte an den Dörflern unrechtmäßig bereichert haben, erweist sich als erfolglos: denn die Gendarmen des Bezirkshauptmanns dringen in die Stube ein, in der die Männer des Dorfes rechnend sitzen, holen die Waage mit Gewalt zurück und töten dabei Unschuldige.

Ein in den umliegenden Dörfern ausbrechender Aufstand wird niedergeschlagen; viele wandern aus; die Baleks aber, die kurz zuvor noch geadelt wurden, begleitet überall das Lied: „Gerechtigkeit der Erden, o Herr, hat dich getötet...", bis sie das Singen dieses Liedes verbieten lassen.

In dieser Kurzgeschichte schildert Böll das Schicksal der Unterdrückten und Entrechteten und ihre Vergewaltigung durch die besitzende Klasse. Es ist das Motiv der Hauptmannschen „Weber", das hier gestaltet wird, aber auch das Motiv, das zum Aufstand der Arbeiter der Stalinallee am 17. Juni 1953 in Ostberlin führte: Widerstand gegen die Ausbeutung und die ungerechte Entlohnung durch die herrschende Schicht. Daß in allen diesen Fällen dem Existenzkampf verzweifelter Menschen der Erfolg versagt blieb, ist die dem Vorgang innewohnende Tragik. Die Dörfler der Baleks, die schlesischen Weber, die ostberliner Arbeiter der Stalinallee — sie alle erfuhren an sich die Furchtbarkeit des Wortes: „Gerechtigkeit der Erden, o Herr, hat dich getötet..."

Brigitte Frank[8]) interpretiert die Kurzgeschichte „Die Waage der Baleks" folgendermaßen: „Der Erzähler erkennt plötzlich, daß für alle im Dorf das bisher gültige Weltbild auseinanderbricht, daß die bisher geglaubten Werte fragwürdig, ja sinnlos werden. Das Vertrauen von fünf Generationen ist betrogen worden. Die Größe der Ungerechtigkeit droht ihn zu überwältigen. „Es kam über ihn, wie eine große Woge der Ungerechtigkeit "

Um nicht zu unterliegen, versucht er, das Maß der Ungerechtigkeit festzustellen: „Baleks schulden mir 18 Mark und 32 Pfennige." Er ist wissend geworden, und mit ihm werden es die Menschen des Dorfes. Sie erkennen, daß ihr bisheriges Paradies nur ein vermeintliches, eine Illusion war. Der äußeren Ordnung ihrer Welt hatte die innere Ordnung keineswegs entsprochen. Das, was sie als absolute Werte angesehen hatten, war zusammengebrochen. Sie versuchen die Welt wieder in Ordnung zu bringen, indem sie die Größe der Ungerechtigkeit feststellen und errechnen, was die Baleks ihnen schulden. Aber sie kommen damit nicht zu Ende. Das äußere Ordnungsgefüge der Welt wird durch Gewalt wieder.

hergestellt (wie durch das Militär in den „Webern", wie durch die russischen Panzer am 17. Juni 1953). Da sie einmal herausgefordert sind, beweisen die Baleks ihre Macht. Den Dörflern bleibt nur der passive Widerstand und der Trotz.

Mit dem Lied „Gerechtigkeit der Erden, o Herr, hat Dich getötet" versuchen sie auszudrücken, was mit ihnen geschehen ist: Christus, der Wahrheit und Gerechtigkeit verkörpert, wurde mit den verschobenen und falschen Wertmaßstäben der Erde gemessen und getötet. Ihnen bleibt, als auch das Lied verboten wird, nur noch das Stillhalten, aber diesmal ist es nicht mehr die Stille der Unwissenheit und des Noch-nicht-erwacht-Seins, sondern die der Resignation (wie bei den Webern nach dem niedergeschlagenen Aufstand und bei den Bewohnern der Ostzone nach dem 17. Juni 1953).

Nur die Familie Brücher vermag nicht völlig zu resignieren. Da sie sich nicht mit der Ungerechtigkeit der irdischen Welt abfinden will, sondern weiter nach der Verwirklichung des Rechts sucht, findet sie keine Heimat mehr: „Sie blieben an keinem Orte lange, weil es sie schmerzte zuzusehen, wie in allen Orten das Pendel der Gerechtigkeit falsch ausschlug. Aber es hörte ihnen fast niemand zu."

Mit diesem letzten Abschnitt weitet der Dichter den Raum seiner Erzählung aus und zeigt ihre beispielhafte Bedeutung. Die Verbindung zur gesamten Menschheit und ihrer Situation wird hergestellt.

Die Geschichte endet in bitterer Wahrheit. Die Dorfbewohner kapitulieren vor der Gewalt und der Übermacht (wie die Weber in Gerhart Hauptmanns Drama und die Arbeiter der Stalinallee in Ostberlin), ein unschuldiges Kind wird getötet (wie der alte Hilse in Hauptmanns Drama), die Familie Brücher wird vertrieben und ruhelos (wie die unzähligen Flüchtlinge aus der Ostzone), die Ungerechtigkeit ist überall und fast niemand will sie sehen. Doch läßt das Wort „fast" im letzten Satz der Geschichte einen, wenn auch winzig kleinen Hoffnungsschimmer aufkommen."

NICHT NUR ZUR WEIHNACHTSZEIT
(1952)

Die Kurzgeschichte „Nicht nur zur Weihnachtszeit" ist eine Satire. Sie spielt, wie die meisten Romane und Erzählungen Bölls, in der Zeit nach 1945. Im Mittelpunkt der Kurzgeschichte steht Tante

Milla, die Gattin eines wohlhabenden Gemüsehändlers. Sie und ihr Mann haben den Krieg einigermaßen gut überstanden. Nur mußten sie mehrfach den geliebten Weihnachtsbaum mit seinem Lichterglanz und Lamettaschmuck entbehren. Aber das erste Weihnachtsfest nach Kriegsende bringt diese Freude wieder. Es gibt wieder Weihnachtsbäume, Kerzen, Lametta, Tannenbaumschmuck, Schokoladenkringel, Marzipan, schwebende Engel, die „Frieden" rufen, Glocken, die dazu läuten und festliche Weihnachtsmusik. Tante Milla ist überglücklich. Sie feiert nun ihr Weihnachten, im Kreise ihrer Familie, die um den Weihnachtsbaum versammelt ist. Als aber der Weihnachtsbaum nach geraumer Zeit wieder entfernt werden muß, beginnt Tante Milla zu toben: sie kann ohne Baum, ohne Weihnachtsfest nicht mehr leben, nicht mehr existieren.

Was nun folgt, ist eine Groteske. Tante Milla befindet sich in einer Neurose. Psychiater untersuchen sie — es bleibt kein anderer Ausweg, als zu ihrer Beruhigung einen neuen Weihnachtsbaum aufzustellen, erneut Weihnachten zu feiern. Und das nicht nur zur Weihnachtszeit — wie der Titel der Geschichte es sagt. Täglich wird Weihnachten gefeiert, zur Karnevalszeit, im Frühling. im Sommer, das ganze Jahr über. Die Nerven der Familienangehörigen werden über die Maßen strapaziert. Selbst im Hochsommer läßt Tante Milla bei zugezogenen Vorhängen die Kerzen anzünden und von den um den Baum versammelten Familienangehörigen Weihnachtslieder singen. Bis sie es nicht mehr ertragen können und sich zunächst von eigens dazu engagierten Schauspielern, später aber, als auch diese kapitulieren, von Wachspuppen vertreten lassen. Es ist geradezu makaber, daß Tante Milla die wahre Situation nicht durchschaut, daß sie immer noch ihre Familie um sich versammelt glaubt, während doch schon längst leblose Puppen und der leere Mechanismus eines Plattenspielers, der Weihnachtschoräle abspielt, an ihre Stelle getreten sind.

Böll verspottet in dieser Satire den Formalismus des kleinbürgerlichen Weihnachtsfestes, das mechanische Abhaspeln des weihnachtlichen „Programms" im trauten Familienkreis unter dem „brennenden" Weihnachtsbaum, die Feiersucht, die zur Zeitkrankheit geworden ist und den wahren Sinn des Weihnachtsfestes verkennt und entstellt.

UNBERECHENBARE GÄSTE

(1954)

Der Erzähler berichtet von den in seiner Wohnung hausenden Tieren. Seine Frau ist eine „gute Frau", die niemanden von der Türe abweisen kann, weder Mensch noch Tier, weswegen die Wohnung des Erzählers nicht nur zum Sammelplatz zahlloser Waren wird, die seine Frau den Hausierern abgekauft hat, sondern auch zu einem Asyl der verschiedensten Tiere, denen sie Unterkunft gewährt.

Die Verfremdung beginnt damit, daß einem Nilpferd die Badewanne zur Verfügung gestellt und ein kleines Dromedar in die Wohnung aufgenommen wird, in der schon zahlreiche Kaninchen, Möwen, Füchse und Schweine sich tummeln; sie erreicht aber ihren Höhepunkt, als die Frau des Erzählers die Tiere eines bankrotten Zirkusunternehmers bei sich aufnimmt und dem Elefanten Wollo sowie dem Löwen Bombilus Keller und Küche als Aufenthaltsort zuweist. Es entwickelt sich ein paradiesisches Zusammenleben wie in der Arche Noah, so daß es dem zuerst entsetzten Ehemann und Hausvater schließlich leid tut, als der unendlich gutmütige Löwe, der sich mit Blutwurst begnügt, wieder abgeholt wird.

In seinem Aufsatz „Komik und Verfremdung" gibt Rudolf Fabritius[9]) folgende Deutung dieser humoristischen Kurzgeschichte Bölls: „Hund und Katze, die Schildkröte, die frei in der Wohnung herumlaufenden Kaninchen, ein piepsendes Küken, Möwen, Füchse und Schweine läßt Böll außer den exotischen Lebewesen im Haushalt seiner Geschichte auftreten. Nicht zu vergessen sind die Vertreter und Hausierer, denen die Frau des Hauses keinen Widerstand zu leisten vermag, so daß sich „einige Zentner Seife, Tausende von Rasierklingen und Knöpfe jeglichen Sortiments" ansammeln. Das seltsame Haus wird zu einem „Widerspruch in sich selbst". Je mehr Tiere und Bettler in ihm Geborgenheit finden, desto mehr verliert es den Charakter der Häuslichkeit. In dieser Umkehrung der normalen Verhältnisse macht sich ein Prinzip des Komischen geltend... Auch der Mann dieser Frau, der kein Geld mehr hat und schließlich die von den Hausierern gekauften Artikel weit unter Preis wieder verkaufen muß, dünkt uns belachenswert. Ihm eignet ein komischer Charakter, weil er den wirklichkeitsfremden Vorstellungen seiner Gattin keinen ernsthaften

Widerstand entgegenzusetzen vermag. Auf diese Weise tritt eine Umkehrung des Verhältnisses von Mann und Frau ein...

Elemente des Komischen und Humoristischen treten in Bölls Erzählung unbestreitbar zutage. Eine gründliche Interpretation der Geschichte muß jedoch noch einer dritten Seite literarischer Darstellung Rechnung tragen: der Verfremdung. Sie läßt sich unter dem Aspekt des Grotesken fassen... Der fiktive Erzähler lebt in einer Welt der Ungewißheiten. Die Gäste, die in seinen Gesichtskreis treten, sind, wie der Titel der Erzählung ankündigt, „unberechenbar". Wenn er auch gewohnt ist, „unerwarteten Besuch vorzufinden", so weiß er doch nicht im voraus, welchem Lebewesen er am Abend in seinem Haus begegnen wird... Die Sekurität bürgerlicher Existenz ist in Frage gestellt, die Welt verliert ihren tragenden Lebensgrund. Für Augenblicke eröffnet sich die Sicht in eine Welt bedrohlicher Verfremdung, in der die Gestalten Franz Kafkas existieren."

DAS BROT DER FRÜHEN JAHRE

(1955)

Auch diese Erzählung Heinrich Bölls spielt nach 1945 in einer rheinischen Großstadt. Es ist die Zeit des Hungers, der Lebensmittelzuteilungen, der Existenznot. Fendrich, ein junger Elektriker und Reparateur von Waschmaschinen, ist mit Ulla, der Tochter seines Chefs, so gut wie verlobt. Da meldet ihm sein Vater aus seiner Heimatstadt die Ankunft einer früheren Jugendspielin, die in der Großstadt die Pädagogische Hochschule besuchen will, um Lehrerin zu werden. Fendrich soll ihr ein bescheidenes Zimmer in der Nähe der Hochschule besorgen, und ihr in den ersten Tagen ihrer Umsiedlung behilflich sein. Als Fendrich Hedwig vom Bahnhof abholt, ist er sehr überrascht, eine ganz andere Gestalt vor sich zu sehen, als er in der Erinnerung hatte. Aus der kleinen Jugendgespielin ist eine junge, schöne Frau geworden Blitzartig wird ihm bewußt, daß er von ihr nicht mehr wird loskommen können, sein leidenschaftliches Begehren schlägt ihr entgegen. Noch am gleichen Tag — es ist ein Montag, an dem das ganze Geschehen des Romans sich abspielt — betritt er ihr Zimmer, um ihr seine Liebe zu gestehen und zu verlangen, daß sie die Seine werden soll. Erschreckt weist sie ihn zunächst ab. In einem kleinen Café kommt es zu einer neuen Aussprache, in der Fendrich Hedwig sein Verhältnis zu Ulla, der Tochter seines Chefs, offenbart. Hedwig fordert eine Entscheidung; Fendrich nimmt von Ulla Abschied, einen Abschied, der ihn, mehr als er dachte, als Beschämten entläßt. Aber Fendrich kann nicht anders handeln. Er möchte Hedwig in seine eigene Wohnung nehmen; aber seine Wirtin duldet das nicht. So begibt er sich zu Hedwig, ... „und immer noch war Montag", der gleiche Montag, an dessen Morgen Fendrich Hedwig am Bahnhof begrüßt und in Empfang genommen hatte.

„Die Liebenden dieser Erzählung wissen, daß sie füreinander bestimmt sind und handeln mit tiefem Ernst: sie finden eher einander wieder, als daß sie einander begegnen. Böll hat in dieser Geschichte, die mißverstanden werden könnte, den Ernst jener Entscheidungen dargestellt, von denen das ganze Leben abhängt. Durch eine Sünde haben die Liebenden das Gesetz ihres Lebens erfüllt, oder, was das gleiche ist, sie haben Besitz ergriffen von der Gnade, derer sie teilhaftig sind. Sie haben unter zweifelhaften Umständen das unternommen, was Kierkegaard „die theologische Aufhebung der Moral" nennt (die religiöse Moral mit einbegriffen) und für die Abrahams Opfer das Beispiel bleibt." [10])

DER LACHER

(1956)

Der Erzähler ist berufsmäßiger Lacher. Er lebt von seinem Lachen, sein Lachen ist gefragt und wird gut honoriert. Er beherrscht das Lachen aller Jahrhunderte, aller Gesellschaftsklassen, aller Altersklassen, aller Zonen und Erdteile. Er kann schwermütig, hysterisch, gemäßigt oder ansteckend lachen, herzhaft, sanft oder wild — ganz wie es gewünscht wird.

Varietébesitzer engagieren ihn, damit er an schwachen Stellen des Programms sein ansteckendes Lachen ertönen läßt und die Pointe rettet.

Telegramme rufen ihn hierhin und dorthin, damit er sein Lachen ertönen läßt; er ist ein Opfer seines Berufs, selbst aber ein todernster Mensch, der keine Neigung zum Lachen verspürt, eine friedliche Ehe führt, die Stille liebt und nur hin und wieder sich ein sanftes Lächeln erlaubt.

Die flüssig geschriebene Skizze charakterisiert den Träger eines absurden Berufs: einen Menschen, der lachen muß, obwohl ihm gar nicht zum Lachen zumute ist. Die Menschheit aber braucht das Lachen, es wird wie eine Ware angeboten und verkauft. Sie braucht es, weil der Ernst des Daseins ohne das Lachen nicht zu ertragen wäre, und sie braucht es als Stimulans. Es ist eine Medizin, die in passenden Momenten eingesetzt wird und verzweifelte Situationen retten soll und kann.

Der Erzähler identifiziert sich mit seinem Lachen, er ist sozusagen das Lachen in Person: „Ich bin weder Clown noch Komiker, ich erheitere die Menschen nicht, sondern stelle Heiterkeit dar." Aber wie bei vielen Berufen klafft auch beim Lacher der Widerspruch auf zwischen privatem und beruflichem Dasein: so wie Zuckerbäcker saure Gurken lieben, Metzger Marzipan, Bäcker die Wurst dem Brot vorziehen, Stierkämpfer den Umgang mit Tauben lieben und Boxer blaß werden, wenn ihre Kinder Nasenbluten haben, lacht auch der Lacher zu Hause nie, und die Leute halten ihn für einen Pessimisten.

Etwas von der Tragik des Sängers, der allabendlich singen muß, während sein Herz blutet, des Bajazzo, der lachen muß, während seine Frau ihn betrügt, des Komödianten, der sein Publikum erheitern muß, während ihn selber Not und Qual peinigen, ist in dieser Skizze enthalten; etwas von der Tragik des Menschen, der sein persönliches Wesen zurückstellen und sein Inneres verbergen muß, um seinem Beruf gerecht werden zu können. Je grotesker dieser Beruf ist, umso widerspruchsvoller ist die Diskrepanz zwischen der privaten und beruflichen Existenz.

IM TAL DER DONNERNDEN HUFE

(1957)

Die Erzählung „Im Tal der donnernden Hufe" berichtet von zwei halberwachsenen Jungen, Paul und Griffduhne, die von Pubertätsängsten bedrängt und gequält werden. Sie spielen mit dem Gedanken, aus dem Leben zu gehen, weil sie keinen rechten Zugang zum anderen Geschlecht finden. Da begegnet Paul durch Zufall der „Wirzowa", einem in der ganzen Gemeinde verschrienen, ja berüchtigten sinnlich reifen Mädchen, der alle nachstellen. Man will sie zu Verwandten nach Wien schicken. Ehe es dazu kommt, sucht Paul sie auf, als sie einmal alleine zu Hause ist. Sie läßt sich herbei, ihm ihre nackte Brust zu zeigen, Paul findet: „Es ist schön" — er wagt nicht „Sie ist schön" zu sagen. Der Anblick der nackten Brust der Wirzowa befreit ihn aber von seiner Angst, löst die Verkrampfung in ihm. Er gibt den Entschluß, sich zu erschießen, auf. Mit einer seinem Vater entwendeten Pistole sendet er der Wirzowa, die nach Wien abreist und im Zug an ihm und seinem wartenden Freund vorbeifährt, einen Abschiedsgruß nach. Dann schießen beide Freunde auf springende Tennisbälle, um ihrem Übermut Luft zu machen. Als sie die Leuchtreklame einer Biermarke entzwei schießen, werden sie von der Polizei in Gewahrsam genommen und wieder den Eltern zugeführt.

DR. MURKES GESAMMELTES SCHWEIGEN

(1957)

„Dr. Murkes gesammeltes Schweigen" enthält fünf Satiren, deren erste die hintergründigste, am stärksten verschlüsselte ist und dem ganzen Bändchen den Namen gegeben hat.

Dr. Murke, der Redakteur eines Funkhauses, sammelt die Schnippsel, die aus Tonbändern herausgeschnitten und weggeworfen werden, weil sie keine Worte enthalten, sondern Schweigen andeuten. Er sammelt aber auch die Schnippsel aus Aufnahmen von Vorträgen des bekannten Kulturphilosophen Bur-Marlottke, auf denen das Wort „Gott" zu hören ist. Dieses Wort ist auf Wunsch des Kulturphilosophen herausgeschnitten worden und wird durch die Wendung „Jenes höhere Wesen, das wir verehren" ersetzt. Die „Gott"-Schnippsel aber werden wiederum in das Tonband eines Hörspiels an Stelle eines immer wiederkehrenden Schweigens eingesetzt.

Die Satire geißelt den Kulturbetrieb der Rundfunk- und Fernsehanstalten, die Art, wie ein Hörspiel oder eine Übertragung „gemacht" und zurechtgeschnitten wird. Es gibt nichts Echtes, Ursprüngliches mehr; alles ist auswechselbar und kann durch anderes ersetzt werden; Worte sind wie Ware, die nach Belieben vertauscht und verändert werden kann. Selbst der Inhalt der Vorträge und Hörspiele ist nur eine Funktion der Produktion; der Geist wird mechanisiert, er läuft „leer" und wird rein technischen Gesetzen unterworfen.

Die reichlich skurrile Erzählung „Dr. Murkes gesammeltes Schweigen" enthält eine Fülle von Anspielungen ironischer und sarkastischer Art, die Bölls persönlichen Erfahrungen, Neigungen und

Abneigungen entspringen; dem unbefangenen Leser sind sie daher nicht immer ganz verständlich; auch sind sie zu sehr zeitgebunden, um auf die Dauer Gültigkeit zu behalten.

IRISCHES TAGEBUCH

(1957)

In seinem „Irischen Tagebuch", das mosaikartig Szene an Szene reiht, berichtet Heinrich Böll von seinen Reisen, Erlebnissen und Entdeckungen auf der grünen Insel Irland, der „Insel der Heiligen", die sich langsam entvölkert, weil sie Priester, Nonnen, Ärzte und Handwerker aller Berufe nach Europa und Übersee exportiert. Irland, dessen Größe der Fläche des Landes Bayern entspricht und das vier Millionen Einwohner hat, ist laut Böll ein Land, in dem das alte irische Sprichwort „Als Gott die Zeit machte, hat er genug davon gemacht" noch unbestritten gültig ist, ein Land, in dem man das Frühaufstehen, allzugroße Pünktlichkeit und übereilte Geschäftigkeit haßt, ein Land, das abseits der überstrapazierten kontinental-europäischen Zivilisation, fern allen Wirtschaftswundern und unberührt vom Massentourismus noch ganz für sich lebt. Irland ist ein armes Land. Die Wirtschaft, sofern man überhaupt von einer solchen sprechen kann, bietet nur jeweils zwei bis drei Kindern einer Familie einen notdürftigen Erwerb; die anderen müssen auswandern. Torf ist der einzige Reichtum des Landes; „eines Landes, das seit Jahrhunderten des Waldes beraubt ist, das sein tägliches Brot nicht immer gehabt hat und hat, aber fast immer seinen täglichen Regen . . ." Doch „es könnte noch schlimmer kommen", sagt ein altes Sprichwort. Der Feierabend gehört den Gesprächen am Kamin: „Man spricht leise miteinander; wer hier schreien würde, kann nur eins von beiden sein: krank oder lächerlich." Böll schildert die Menschen des Landes, die Männer, die Frauen und Kinder, aber auch die verlassenen Dörfer, die kleinen Städte, in denen die Zeit stehen geblieben ist. Eine eindrucksvolle Darstellung gibt er von der Stadt Limerick, die er in allen Phasen ihres Seins beschreibt.

„Man durfte erfreut sein, als 1957 das „Irische Tagebuch" erschien und zu den bewährten Mitteln von Bölls realistischer Prosa und seiner treffsicheren Satire nun noch ein Schuß Überlegenheit, Aufgelockertsein, Welthaltigkeit, ja Poesie hinzukam, den man bisher bei ihm vermißt hatte. Das war wie ein Aufgesang. Böll sieht Irland als Reisender, Wanderer, Poet, Mensch, Zeitkritiker und katholischer Christ. Alle diese Sehweisen sind zu einer Synthese gebracht.

Außerdem gibt es an diesem Reisebuch noch einen wichtigen Aspekt: Böll sieht durch das Erlebnis der Fremde gleichzeitig intensiver, distanzierter sein eigenes Land. Denn er bringt das vorübergehend hinter sich Gelassene nie aus dem Blick. Er steht an Swifts Grab, geht durch die Straßen von Dun Laoghaire, Mayo, Limerick, geht in die Slums, schaut auf die dunklen Hinterhöfe, betritt die Kirchen und Kathedralen, spricht mit Menschen, Bahnschaffnern, Bettlern und vergleicht, vergleicht unermüdlich: Wie ist es hier, wie ist es dort? Hier in Irland hat man noch Zeit. Hat man in Deutschland noch Zeit? Hier in Irland ist noch Ruhe, Genügsamkeit, ist Armut noch keine Schande. Und in Deutschland? Die Iren sind sich selber treu geblieben. Und die Deutschen? Hier in Irland ist noch Glaube, religiöse Wirklichkeit. Und in Deutschland . . .?

Das sind die Fragen, die den Schreibenden ständig wie eine beklemmende Melodie begleiten."

TEXTPROBE AUS BÖLLS „IRISCHEM TAGEBUCH"

Gut ist es, immer Kerzen, die Bibel und ein wenig Whisky im Hause zu haben, wie Seeleute, die auf Sturm gefaßt sind; dazu ein Kartenspiel, Tabak, Stricknadeln und Wolle für die Frauen, denn der Sturm hat viel Atem, der Regen hat viel Wasser, und die Nacht ist lang. Wenn dann vom Fenster her eine zweite Regenzunge vorstößt, die sich mit der ersten vereint, wenn das Spielzeug über die schmale Zunge langsam in die Nähe des Fensters schwimmt, dann ist es gut, in der Bibel nachzuschlagen, ob das Versprechen, keine Sintflut mehr zu schicken, wirklich gegeben worden ist. Es ist gegeben worden: man kann die nächste Kerze anzünden, die nächste Zigarette, kann die Karten wieder mischen, neuen Whisky einschenken, sich dem Trommeln des Regens, dem Heulen des Windes, dem Klappern der Stricknadeln überlassen. Das Versprechen ist gegeben.

Spät erst hörten wir das Pochen an der Tür — erst hatten wir es für das Schlagen eines losen Riegels gehalten, dann für das Rappeln des Sturms, dann erkannten wir, daß es Menschenhände waren, und wie töricht die kontinentale Mentalität ist, läßt sich daran erkennen, daß ich die Vermutung aussprach, es könnte der Mann vom Elektrizitätswerk sein. Fast so töricht, diese Vermutung, wie auf hoher See den Gerichtsvollzieher zu erwarten.

Schnell die Tür geöffnet, einen durchnäßten Zeitgenossen hereingezogen, die Tür geschlossen, und da stand er: mit durchgeweichtem Pappkoffer, Wasser lief ihm aus Ärmeln, Schuhen, vom Hut herab, fast schien es, als liefe Wasser ihm auch aus den Augen: so sehen Schwimmer aus, die an einem Wettbewerb für Rettungsschwimmen in voller Bekleidung teilgenommen haben; aber diesem hier war solcher Ehrgeiz fremd: er war nur von der Bushaltestelle gekommen, fünfzig Schritte durch diesen Regen, hatte unser Haus für sein Hotel gehalten und war seines Zeichens Schreiber in einem Anwaltsbüro in Dublin.

„Der Bus fährt also bei diesem Wetter?"

„Ja", sagte er, „er fährt, hatte nur wenig Verspätung. Aber es war mehr ein Schwimmen als Fahren... und dies hier ist wirklich kein Hotel?"

„Nein, aber..."

Er — Dermot hieß er — erwies sich, als er trocken war, als guter Bibelkenner, guter Kartenspieler, guter Geschichtenerzähler, guter Whiskytrinker: auch zeigte er uns, wie man das Teewasser auf einem Dreifuß im Kaminfeuer rasch zum Kochen bringt, wie man Hammelkoteletts auf dem gleichen, uralten Dreifuß gar bekommen kann, wie man Toast röstet an langen Gabeln, deren Zweck wir noch nicht herausgefunden hatten — und früh am Morgen bekannte er, daß er auch ein wenig deutsch könne: er war in Gefangenschaft gewesen in Deutschland...

Wir standen auf; es war hell geworden, und im gleichen Augenblick war es ruhig draußen. Wind und Regen hatten sich entfernt, die Sonne kam über den Horizont, und ein großer Regenbogen stand über der See, so nah war er, daß wir ihn in Substanz zu sehen glaubten; so dünn, wie Seifenblasen sind, war die Haut des Regenbogens. Immer noch schaukelten Korken und Holzstücke auf der Pfütze, als wir die Treppe hinauf in die Schlafzimmer gingen.

ALS DER KRIEG AUSBRACH — ALS DER KRIEG ZU ENDE WAR

(1962)

Die beiden im Bändchen Nr. 768 der Insel-Bücherei enthaltenen Erzählungen „Als der Krieg ausbrach" — „Als der Krieg zu Ende war" sind Zeitdokumente. Sie sollten insbesondere von unserer Jugend gelesen werden, um ihr einen Einblick in die wahren Verhältnisse bei Kriegsausbruch und Kriegsende, in die psychologische Situation der Jahre 1939 und 1945 zu geben.

Böll läßt keinen Zweifel daran, daß er den von Adolf Hitler heraufbeschworenen Krieg als ein sinnloses, von vornherein zum Scheitern verurteiltes, wahnsinniges und verbrecherisches Unternehmen ansieht. Jeder Einsichtige wußte bereits 1939, als der Krieg ausbrach, daß er nicht gewonnen werden konnte, sondern nur namenloses Elend über Deutschland bringen würde. Er war dann vielleicht verblüfft durch gewisse Anfangserfolge wie den 18tägigen Polenfeldzug und den Blitzkrieg in Frankreich. Spätestens aber am 22. Juni 1941 — zu Beginn des Einfalls in Rußland — war es auch dem Einfältigsten klar, daß dieser Schritt Hitlers der Anfang vom Ende war. Von nun an wurde von Monat zu Monat, von Jahr zu Jahr die Ausweglosigkeit und das drohende Verhängnis des völligen Zusammenbruchs immer deutlicher sichtbar.

Als der Krieg zu Ende war, lag Deutschland in Schutt und Asche. Die deutsche Wehrmacht war zusammengebrochen, alle Verkehrswege, alle Städte, alle Industriezweige waren zerstört, das öffentliche Leben lag brach. Die Siegesparolen des Kriegsbeginns hatten sich in ihr Gegenteil verkehrt. Hungersnot, Trostlosigkeit, Flüchtlingselend und bittere Verzweiflung waren die Hinterlassenschaft Adolf Hitlers, seiner ruhmreichen Truppen und stolzen Partei. An den Ruinen seines Kölner Vaterhauses wird der englische Kriegsgefangene Heinrich Böll auf einem Lastwagen vorbeigefahren.

Mit einer unpathetischen Nüchternheit und gewissenhaften Redlichkeit, die keine falsche Sentimentalität aufkommen läßt, berichtet Böll vom Beginn und Ende des Krieges, der Mechanisierung des Kasernenlebens, das jede persönliche Freiheit erstickt, der Sturheit und Brutalität des Militarismus, der jede menschliche Würde vernichtet und den Menschen versklavt, um ihn dann mit „Muß I denn, Muß I denn..." in einen sinnlosen Kampf zu schicken.

Die spärliche Handlung, die beide Erzählungen miteinander verknüpft, die des Telefonisten-Unteroffiziers Leo, der den Krieg
von der Telefonzentrale aus sabotiert, ist unaufdringlich in die
Zustandsschilderungen eingefügt. Diese bleiben das Wesentliche,
weil sie die Jahre 1939—1945 am treffendsten charakterisieren: die
stupide Welt des Landserlebens, das ewige Einerlei des irrsinni-
gen kriegerischen Geschehens und die Düsterkeit der Verzwei-
lung am Ende, vor der grausigen Kulisse der Ruinen, verfallener
Häuser, kahler Bäume, menschleerer Straßen, vor der zerrissenen
Silhouette der zerstörten Städte. Jeder Zug, der in dieses Gesamt-
bild eingefügt wird, wirkt symptomatisch, gleichnis- und beispiel-
haft, jedes bewußt gebrauchte Wort bedeutungsschwer.

Böll erzählt aus der Sicht eines Menschen, den, wie so viele, das
Kriegsgeschehen überrollt hat. Er haßt den Kommiß, weil er ihm
die persönliche Freiheit nimmt, er verurteilt den Krieg, weil er
alle Werte, weil er die Kultur der Menschheit zerstört.

BANGES UNTERRICHTSHILFEN LATEIN

ENTFERNUNG VON DER TRUPPE

(1964)

Held und Ich-Erzähler ist diesmal ein etwa fünfzigjähriger Kölner Bürger, Inhaber einer Kaffee-Großhandlung. Nun hat uns Böll schon daran gewöhnt, daß Alter, Beruf, soziale Position, Bildung und Konfession kaum einen Einfluß auf die Charaktere und Anschauungen seiner Gestalten haben: Ob Angestellter oder Architekt, ob Clown oder Großkaufmann — es sind immer wieder unglückliche Sonderlinge und bedauernswerte Außenseiter, hilflospassive und doch protestierende, naive und unentwegt räsonierende, leidende, aber auch stets sich selbst gründlich bemitleidende Menschen. Meist reagieren sie auf ihre Umwelt nur allergisch, manchmal hysterisch. Sie begreifen nicht viel, spüren jedoch das Böse und sind dagegen — im „Dritten Reich" ebenso wie in der Bundesrepublik.

Das alles trifft ebenfalls auf den neuen Ich-Erzähler zu, der allerdings — wie schon Bogner in „Und sagte kein einziges Wort" — weniger eine typische Zeitgestalt als vor allem ein pathologischer Fall zu sein scheint. Er selber hält sich für einen „tumben" Menschen und meint, er sei Neurotiker. Infolge einer Kopfverletzung stottert er. Oft überfällt ihn ein Ekel erregendes „fast epileptisches Zucken". Er weigert sich grundsätzlich, seine Schuhe zu putzen, säubert sich hingegen gern seine Fingernägel — mit einer Gabel. Was die Konfession betrifft, so sei er „ein unbeschriebenes Blatt", würde gern Jude werden und bezeichnet sich „privat als kommender Christ". Auch sei er, hören wir, Romantiker und müsse sich beherrschen, um sich „nicht in die dunklen Fluten des Rheins hineinzuwerfen".

Dieser unglückselige Mensch erzählt einige Abenteuer aus seinem Leben, zumal aus jener Zeit, da er Uniformträger war. Im Arbeitsdienst fiel dem damaligen Philologiestudenten, der sich offenbar an der Welt rächen wollte, nichts Besseres ein, als seinen Vorgesetzten mit der Schneide des Spatens in die Kniekehle zu schlagen, und zwar „nicht einmal absichtlich", sondern „von einer unsichtbaren himmlischen Vernunft getrieben". Zur Strafe wird er „in die fäkalischen Gefilde verdammt": Er muß täglich die Riesenlatrine des Lagers leeren.

Bölls Held, der meint, „durch einen Fäkaliengeruchsgürtel" in einem „elfenbeinernen Turm gefangengehalten" zu sein, begibt sich zu einer Schwester: „Als ich auf den Klingelknopf drücken wollte..., öffnete Hildegard, fiel mir in die Arme, und aller schlimme Geruch war von mir genommen." Doch nur für kurze Zeit. Nachdem er rasch geheiratet hat, kehrt der Ich-Erzähler zum Arbeitsdienst nicht mehr zurück, wobei es auffällt, daß er sich nicht die geringsten Gedanken über die möglichen Folgen dieser „Entfernung von der Truppe" macht. Und prompt wird er verhaftet.

Während des Krieges ist er — eines Augenleidens wegen — vom Schießen befreit. Sein Vorgesetzter „dreht einfach den Diphthong im Schießen um" und verurteilt ihn zu jener Beschäftigung, die „unter Altgedienten... gemeinhin als ‚Scheißetragen' bekannt" ist. So werden uns wiederum Kloakendüfte geboten. Menschen, die ihm nicht passen, den Vorgesetzten zumal, kippt unser Held gelegentlich ganze Eimer Fäkalien vor die Füße, um sich „durch Auslegen eines Fäkaliengürtels... unnahbar zu halten".

Mit wem haben wir es eigentlich zu tun? Mit einem pfiffigen Burschen, einem Schelm? Oder vielleicht — und zu dieser Vermutung gibt mir das Buch häufig Anlaß — mit einem Schwachsinnigen? Wollte etwa Böll den Lesern die Karikatur seiner bisherigen Helden vorführen?

Allein, es sind nicht nur die in diesem Prosastück dominierenden Motive, die befremden müssen. Den munteren und lockeren Plauderton, der bisweilen gelassen und salopp, bisweilen jedoch nur nachlässig klingt, kennen wir bereits aus den „Ansichten eines Clowns". Der Umstand, daß Böll jetzt meist nicht darstellt, sondern nur feststellt, also nicht mit epischen Mitteln sichtbar macht, sondern sich auf die nackte Mitteilung beschränkt, überrascht ebenfalls nicht, da auch dies schon in manchen Teilen des „Clowns" auffiel.

In der zweiten Hälfte unterbricht Böll seine Geschichte und fügt Zitate aus der Presse ein. Dieses zeitgeschichtliche Material kommentiert er nicht, vielmehr schlägt er dem Leser vor, „sich seine eigene Wirklichkeit daraus zu bilden."

Was ist mit Böll geschehen? Sollte etwa die Berücksichtigung wenig appetitlicher Phänomene auf den Einfluß von Günter Grass zurückzuführen sein? Wenn Böll sich bemüht, nur Anhaltspunkte für vage Mutmaßungen zu geben — folgt er vielleicht Uwe Johnson? War es Alexander Kluge, der Böll zu der Einblendung von Zeitdokumenten angeregt hat?

Das Buch endet mit den Worten: „Der Erzähler verbirgt etwas. Was?" Das, in der Tat, ist die entscheidende Frage. Und mag sie auch ironisch gemeint sein, sie sollte doch ernsthaft beantwortet werden. Die „Entfernung von der Truppe" ist Symptom einer Krise, deren Existenz schon die „Ansichten eines Clowns" erkennen ließen. Ähnlich wie Walser verbirgt Böll nichts anderes als jene tiefe Unsicherheit, die für viele deutsche Schriftsteller, die nach 1945 zu schreiben begonnen haben, immer mehr charakteristisch wird — ebenso für diejenigen, die häufig Bücher veröffentlichen, wie für diejenigen, deren Schweigen seit einigen Jahren unüberhörbar ist. Und wie bei Walser hat auch bei Böll diese Krise einen offensichtlichen Rückzug verursacht, wenn nicht gar eine Kapitulation.

Sollte sich Heinrich Böll jetzt nicht einige Zeit Ruhe gönnen? Er hat sie längst verdient, mehr als alle anderen deutschen Schriftsteller seiner Generation.

(Marcel Reich-Ranicki[11])

Buchkritik:

ENDE EINER DIENSTFAHRT

(1966)

Der Kunsttischler Gruhl ist Bölls Michael Kohlhaas. Sein Fall demonstriert die absurd gewordene produktive Existenz in einem erbarmungslosen Wirtschaftsprozeß. Die auf ungeheuer angeschwollenen Unkostenprozenten basierende Finanzpolitik macht den selbständigen Handwerker anachronistisch. Wer mit Hand und Kopf freie Werte schafft, wird ausgeplündert bis zur „Taschenpfändung" Erbittert klärt Böll seine Leser über weithin unbekannte Steuereinziehungspraktiken auf, konfrontiert den Wohlstandsangestellten von heute mit dem Staat als Moloch.

In der Figur des zum Wehrdienst eingezogenen Gruhl junior tritt dazu der Bereich unsinniger Kraft- und Geldverschwendung, an dem ein denkender junger Mensch zum Nihilisten wird. Die beiden Gruhls haben einen Wehrmachtsjeep verbrannt und finden die allgemeine Sympathie aller Gutwilligen, als ihnen der Prozeß gemacht wird. Der ortsfremde Staatsanwalt begreift zu spät, daß die einmütige Bagatellisierung der Brandstiftung als bloße Sachbeschädigung von oben her erwünscht ist. Die Presse bleibt „loyal" fern; zwei individualistische Rebellen werden freundschaftlich zur Raison gebracht und dürfen mit Hilfe kleiner Tricks einen neuen Existenzversuch machen

Der inkonsequent versöhnliche Prozeß- und Buch-Schluß zeigt Böll im Dilemma zwischen Romancier und Satiriker. Er gibt seinen durch zahllose heimliche Spitzen angereicherten Bericht in einem penetranten Amtsdeutsch, Ausdrücken wie „erstellen", „in etwas befaßt sein", Frauen werden durchweg als „die Schroer, die Schorf-Kreidel" bezeichnet. In der ungebräuchlich gewordenen Aussageform des Konjunktivs wirken kurze natürliche Redefetzen als Zitate. Aber dieser satirische Stil ist nicht voll durchgehalten, der frühere Böll kommt nur mit Spuren von Sentiments zum Vorschein. Böll schockiert seine Leserschaft diesmal sogar mit Kühnheiten aus dem Sexualbereich, aber er kann seine bürgerlichchristliche Grundhaltung nicht verleugnen.

(Hedwig Rohde[12])

Unterrichtshilfen und Selbstlehrbücher

Bitte, senden Sie an die untenstehende Adresse laufend kostenlos Prospekte und

Kataloge über Bücher aus dem Verlag C. Bange, Hollfeld, Tel. (09274) 372

Banges Unterrichtshilfen –
Banges Lernhilfen

☐ Deutsch ☐ Latein

☐ Englisch ☐ Mathematik

☐ Französisch ☐ _____

Name _____

Vorname _____

Beruf _____

Straße _____

Wohnort ( ) _____

Egon Ecker

Wie interpretiere ich Novellen und Romane?

DM 16,80

– Methoden und Beispiele –

Notizen zur Betrachtung eines dichterischen Textes – Zur Technik der Interpretation

Beispiele:

Novellen: Keller, Drei gerechte Kammacher-Büchner, Lenz – Storm, Schimmelreiter – Andres, Die Vermummten

Romane: Mann, Königl. Hoheit – Frisch, Homo Faber – Andres, Knabe im Brunnen – Andersch, Sansibar

Zur Theorie der Novelle – Zur Theorie des Romans – Gliederungsvorschläge – Themenvorschläge – Literaturverzeichnis

---

Edgar Neis

Das neue große Aufsatzbuch

Methoden und Beispiele des Aufsatzunterrichts für die Sekundarstufe I und II – 212 Seiten   kart. **DM 19,80**

Inhalt: Zur Technik des Aufsatzschreibens – Stoffsammlung und Disposition – Wie schreibe ich eine Charakteristik? – Wie schreibe ich eine Erörterung? – Der dialektische Besinnungsaufsatz – Themen und Aufsätze zu Problemen unserer Zeit – Aufsätze zur Literatur – Wege der Texterschließung – Interpretationshinweise – Fachbegriffe der Aufsatzlehre (Lexikon der Terminologien) – Vorschläge für Aufsatzthemen – Themenkatalog für das Ende des 20. Jahrhunderts – Literaturnachweis.

Dieses Buch richtet sich an Lehrer und Schüler von Haupt-, Real- und Oberschulen (Gymnasien).

Breit einsetzbar in Grund- und Leistungskursen.

Ein „Grundkurs", die Kunst der Interpretation zu erlernen und zu verstehen. Anhand von zahlreichen durchgeführten Interpretationen ist dies Büchlein ein unentbehrliches Hilfsmittel für Schüler und Lehrer.

Wie interpretiere ich Gedichte und Kurzgeschichten?

von Edgar Neis

DM 16,80

Aus dem Inhalt:

Was ist ein Gedicht? – Weg und Ziel der Gedichtinterpretation – Metrum und Rhythmus – Übersicht über die metrischen Grundformen – Die Sprachmelodie – Die freien Rhythmen – Die Sprachbilder – Die moderne Lyrik

Was ist eine Kurzgeschichte? – Wesen, Bedeutung, Gestaltung, Aussage der Kurzgeschichte – Sinndeutung – Wie interpretiere ich eine Kurzgeschichte/Leitlinien.

Lyrik und Kurzprosa seit der Jahrhundertmitte
1. Ende und Neubeginn: Die Lyrik nach Benn und Brecht
2. Von der Kurzgeschichte zur Kurzprosa.

Wie interpretiere ich ein Drama?

von Edgar Neis

– Methoden und Beispiele –

DM 17,80

Erstbegegnungen mit dramatischen Formen – Methode des Interpretierens – Wege zur Erschließung und Analyse eines Dramas.

Arbeit am Detail: Titel, Personen, Handlung, Aufbau, Sprache Realisation, Bühnengestaltung, Regieanweisungen, sozio-kulturelle und historische Einordnung usw.

Modellinterpretationen – Zur Theorie des Dramas – Literaturverzeichnis

Bange Unterrichtshilfen

Edgar Neis

Wie interpretiere ich Gedichte und Kurzgeschichten?

C. BANGE VERLAG/HOLLFELD

WERKE DER SIEBZIGER JAHRE
TEXTPROBE AUS „GRUPPENBILD MIT DAME"

(1971)

Nun ist Leni natürlich nicht immer achtundvierzig Jahre alt gewesen, und es muß notwendigerweise zurückgeblickt werden. Auf Jugendfotos würde man Leni ohne weiteres als hübsches und frisches Mädchen bezeichnen; sogar in der Uniform einer Naziorganisation für Mädchen – als Dreizehn-, Vierzehn-, Fünfzehnjährige – sieht Leni nett aus. Kein männlicher Betrachter wäre in seinem Urteil über ihre körperlichen Reize niedriger gegangen als „verdammt noch mal, die ist nicht übel". Der menschliche Paarungsdrang geht ja von Liebe auf den ersten Blick über den spontanen Wunsch, einer Person des anderen oder eigenen Geschlechts einfach mal, ohne auf Dauerbindung aus zu sein, beizuwohnen; er geht bis zur tiefsten, aufwühlenden Leidenschaft, die ruhelose Seelen und Körper schafft, alle seine Spielarten, die so gesetzlos wie ungesetzmäßig auftreten, jede von ihnen, von der oberflächlichsten bis zur tiefsten, hätte von Leni geweckt werden können und ist von ihr geweckt worden. Als sie siebzehn war, machte sie den entscheidenden Sprung von hübsch zu schön, der dunkeläugigen Blondinen leichterfällt als helläugigen. In diesem Stadium wäre kein Mann in seinem Urteil niedriger gegangen als „bemerkenswert".

*

Es müssen noch ein paar Bemerkungen zu Lenis Bildungsweg gemacht werden. Mit sechzehn trat sie ins Büro ihres Vaters ein, der den Sprung vom hübschen Mädchen zur Schönheit wohl bemerkte und sie, vor allem ihrer Wirkung auf Männer wegen (wir befinden uns im Jahr 1938), zu wichtigen geschäftlichen Besprechungen hinzuzog, an denen Leni mit Notizblock und Bleistift auf den Knien teilnahm und hin und wieder Stichworte niederschrieb. Stenografie konnte sie nicht, hätte sie auch nie gelernt. Abstraktes und Abstraktionen lagen ihr zwar nicht gänzlich fern, doch die „Hackschrift", wie sie Stenografie nannte, mochte sie nicht lernen. Ihr Bildungsweg hat auch aus Leiden bestanden, mehr Leiden der Lehrer als ihre eigenen. Sie absolvierte, nachdem sie zweimal nicht gerade sitzengeblieben, sondern „freiwillig zurückversetzt" worden war, die Volksschule mit der vierten Klasse und einem leidlichen, reichlich interpolierten Zeugnis. Einer der noch lebenden Zeugen aus dem Kollegium der Volksschule, der fünfundsechzigjährige pensionierte Rektor

Schlocks, der auf seinem ländlichen Alterssitz aufgestöbert werden konnte, wußte zu berichten, daß Leni zeitweise sogar für die Abwimmelung in die Hilfsschule angestanden hat; daß aber zwei Umstände sie davor bewahrten: die Wohlhabenheit ihres Vater, die – wie Schlocks nachdrücklich betont – nie direkt, nur indirekt eine Rolle spielte, und zweitens die Tatsache, daß Leni zwei Jahre hintereinander als Elf- und Zwölfjährige den Titel „das deutscheste Mädel der Schule" gewann, der von einer rassekundigen Kommission, die von Schule zu Schule ging, verliehen wurde. Einmal stand Leni sogar in der Auswahl für das „deutscheste Mädel der Stadt", sie wurde aber auf den zweiten Platz verwiesen von der Tochter eines protestantischen Pfarrers, deren Augen heller waren als Lenis Augen, die damals schon nicht mehr so ganz hellblau waren. Konnte man etwa das „deutscheste Mädel der Schule" auf die Hilfsschule schicken? Mit zwölf kam Leni auf eine von Nonnen geleitete höhere Schule, von der man sie bereits mit vierzehn als gescheitert herunternehmen mußte; sie war innerhalb von zwei Jahren einmal saftig sitzengeblieben, einmal versetzt worden, weil ihre Eltern das feierliche Versprechen abgaben, von dieser Versetzung nie Gebrauch zu machen. Das Versprechen wurde gehalten.

*

Bevor Mißverständnisse entstehen, muß hier als sachliche Information eine Erklärung der mißlichen Bildungsumstände gegeben werden, denen Leni unterlag bzw. unterworfen wurde. Es gibt in diesem Zusammenhang keine *Schuld*frage, es gab nicht einmal – weder auf der Volksschule noch auf dem Lyzeum, das Leni besuchte – erhebliche Ärgernisse, lediglich Mißverständnisse. Leni war durchaus bildungsfähig, sogar bildungshungrig oder -durstig, und alle Beteiligten waren bemüht, ihren Hunger bzw. Durst zu stillen. Wäre auch nur einer ihrer Lehrer oder Lehrerinnen auf die Idee gekommen, schon der kleinen, der sechsjährigen Leni klarzumachen, daß der Sternenhimmel, den Leni so liebte, mathematische und physikalische Annäherungsmöglichkeiten bietet, sie hätte sich nicht gegen das kleine und nicht gegen das große Einmaleins gesträubt, das ihr so widerwärtig war wie anderen Leuten Spinnen. Die Nüsse, Äpfel, Kühe, Erbsen auf dem Papier, mit denen man auf ein platte Weise einen Rechenrealismus zu erreichen suchte, blieben ihr fremd; es war keine Rechnerin in ihr verborgen, gewiß aber eine naturwissenschaftliche Begabung, und hätte sie außer den Mendelschen Blüten, die rot, weiß, rosa immer wieder in Schulbüchern und auf Tafeln auftauchten, etwas kompliziertere genetische Vorgänge geboten bekommen, sie wäre – wie man so hübsch sagt – gewiß mit Feuereifer in eine solche Materie „eingestiegen". Angesichts der Magerheit des Biologieunterrichts bleiben ihr viele Freuden versagt, die sie nun im Alter, komplizierte organische Vorgänge mit einem billigen Aquarellkasten nachzeichnend, erst findet. Wie die van Doorn glaubwürdig versichert, ist ihr ein Detail aus Lenis vorschulischer Existenz unvergeßlich und bis heute so wenig „geheuer" wie Lenis Genitalientafeln. Schon als Kind hat Leni sich leidenschaftlich für ihre ekremenentale Unterworfenheit interessiert und – leider! – vergebens Auskunft darüber verlangt, mit der Frage: „Verflucht, was ist das für ein Zeug, das aus mir herauskommt?" Weder ihre Mutter noch die van Doorn gaben ihr diese Auskunft!

Erst dem zweiten der beiden Männer, denen sie in ihrem bisherigen Leben beiwohnte, ausgerechnet einem Ausländer, dazu noch einem Sowjetmenschen, blieb es vorbehalten, zu entdecken, daß Leni zu erstaunlichen Sensibilitäts- und Intelligenzleistungen fähig war. Ihm auch erzählte sie, was sie – zwischen Ende 43 und Mitte 45 war sie viel weniger schweigsam als heute – später Margret wiedererzählte: daß die erste und volle „Seinserfüllung" ihr widerfahren war, als sie, sechzehnjährig, soeben aus dem Internat entlassen, mit dem Fahrrad an einem Juniabend unterwegs, auf dem Rücken im Heidekraut liegend, „ausgestreckt und ganz hingegeben" (Leni zu Margret), mit dem Blick zum eben erglühenden Sternenhimmel, in den noch Abendrot hineinleuchtete, jenen Punkt von Glückseligkeit erreichte, der heutzutage viel zu oft angestrebt wird; Leni – so erzählte sie Boris, wie sie Margret erzählt hat – hatte an jenem Sommerabend des Jahres 1938, als sie dahingestreckt und „geöffnet" auf dem warmen Heidekraut lag, ganz und gar den Eindruck, „genommen" zu werden und auch „gegeben" zu haben, und – so erläuterte sie später Margret – sie wäre nicht im geringsten erstaunt gewesen, wenn sie schwanger geworden wäre. So ist ihr denn auch die Jungfrauengeburt keineswegs unbegreiflich.

*

Leni verließ das Lyzeum mit einem peinlichen Zeugnis, auf dem sie in Religion und Mathematik mangelhaft bekam. Sie kam für zweieinhalb Jahre auf ein Pensionat, wo sie in Haushaltskunde, Deutsch, Religion, ein wenig in Geschichte (bis zur Reformation), auch in Musik (Klavier) unterrichtet wurde.

*

Schwester Rahel hatte im Internat weder seriöse pädagogische noch ärztliche Funktionen, und doch übte sie beide aus; sie war nur angehalten, in groben Fällen – bei krassem Durchfall und Verdacht auf Infektionsgefahr – Meldung zu erstatten, auch war sie angehalten, auffällige Unreinlichkeiten in Zusammenhang mit dem Verdauungswesen sowie Verstöße gegen die vorausgesetzte unterstellte Sittlichkeit zu melden. Letzteres tat sie nie. Großen Wert legte sie darauf, den Mädchen schon am ersten Tag einen kleinen Vortrag über die Reinigungsmethoden nach jeglicher Art von Stuhlgang zu halten. Unter Hinweis auf die Wichtigkeit, alle Muskeln, besonders die des Unterleibs, stets elastisch und funktionsfähig zu halten, wozu sie Leichtathletik und Gymnastik empfahl, kam sie dann rasch auf ihr Lieblingsthema: daß es einem gesunden und, wie sie betonte, intelligenten Menschen möglich sei, ohne auch nur einen Fetzen Papier diese Verrichtung zu vollziehen. Da aber dieser Idealzustand nie erreicht würde, oder nur selten, erklärte sie detailliert wie, wenn Papier, dies angewendet werden müsse ... Auf Albernheiten und Gekicher der Mädchen während dieses Vortrags war sie gefaßt.

Es muß hier, weil es durch Margret und Leni verbürgt ist, gesagt werden, daß Schwester Rahel beim Anblick des ersten Stuhlgangs von Leni, den sie zu begutachten hatte, in eine Art Verzückung verfiel. Zu Leni, die an derlei Konfrontation nicht gewöhnt war, sagte sie: „Mädchen, du bis ein Günstling des Schicksals – wie ich."

Als Leni dann einige Tage später den Status der „Papierlosen" erreichte, einfach weil ihr diese „Muskelsache" Spaß machte (Leni zu Marja – bestätigt durch Margret), war eine unverbrüchliche Sympathie geschaffen, die Leni über alle Bildungsrückschläge, die ihr noch bevorstanden, schon im voraus hinwegtröstete.

Nun wäre es falsch, wenn hier der Eindruck entstünde, Schwester Rahel habe sich ausschließlich in der Exkrementalsphäre als Genie erwiesen. Sie war nach einem komplizierten Bildungsgang zuerst Biologin, dann Ärztin, noch später Philosophin geworden, war katholisch geworden, ins Kloster eingetreten, um „die Jugend zu unterweisen" in einer biologisch-medizinisch-philosophisch-theologischen Kombination, aber schon im ersten Jahr ihrer Lehrtätigkeit war ihr die Unterrichtserlaubnis vom Generalrat in Rom entzogen worden, weil man sie des Biologismus und des mystischen Materialismus verdächtigte; die Strafe, sie zum Flurdienst zu erniedrigen, hatte eigentlich dazu dienen sollen, ihr das Ordensleben zu verleiden, und man war bereit gewesen, sie „in Ehren" wieder zu säkularisieren (alles Rahel an B. H. T., mündlich), doch sie hatte die Erniedrigung als Erhöhung nicht nur angenommen, sondern auch empfunden und betrachtet und sah im Flurdienst weitaus bessere Möglichkeiten, ihre Lehren zu verwenden, als im Unterricht. Da ihre Schwierigkeiten mit dem Orden genau in das Jahr 1933 fielen, ließ man davon ab, sie regelrecht auszustoßen, und so blieben ihr noch fünf Jahre als „Toilettenfrau"...

Da Leni auch von Rahel zu wenig über den biologischen Unterschied zwischen Mann und Frau erfahren zu haben glaubt, sucht sie leidenschaftlich Informationen darüber. Sie wälzt Lexika: ziemlich ergebnislos, durchstöbert ebenso ergebnislos die Bibliothek ihres Vaters und die ihrer Mutter; gelegentlich besucht sie Rahel an Sonntagnachmittagen, macht mit ihr lange Spaziergänge durch den riesigen Klostergarten und fleht um Auskunft; nach einigem Zögern läßt Rahel sich erweichen und erklärt ihr, wiederum ohne daß eine von ihnen auch nur andeutungsweise zu erröten brauchte, weitere Details, die sie ihr zwei Jahre vorher noch vorenthalten hatte: das Instrumentarium männlicher Geschlechtlichkeit, dessen Erregung und Erregbarkeit mit sämtlichen Folgen, Freuden, und da Leni Bildmaterial darüber begehrt, Rahel es ihr verweigert, weil sie behauptet, es sei nicht gut, sich Bilder davon anzuschauen, gerät Leni auf Anraten eines Buchhändlers, den sie mit verstellter Stimme (was gar nicht nötig gewesen wäre) anruft, ins „Städtische Gesundheitsmuseum", wo ihr unter Geschlechtsleben hauptsächlich Geschlechtskrankheiten geboten werden: vom gewöhnlichen Tripper über den weichen Schanker zum spanischen Kragen und über alle Stadien der Lues hinweg, alles naturalistisch an entsprechend gefärbten Gipsmodellen, erfährt Leni von dieser unheilen Welt – und ist empört; zimperlich war sie nie, was sie wütend machte, war die Tatsache, daß Geschlecht und Geschlechtskrankheiten in diesem Museum als identisch zu gelten schienen; dieser pessimistische Naturalismus empörte sie ebenso, wie sie der Symbolismus ihres Religionslehrers empört hatte. Das Gesundheitsmuseum erschien ihr als eine Variante auf die „Erdbeeren mit Sahne" (Zeugin Margret, die – wieder einmal errötend – sich selbst weigerte, zu Lenis Aufklärung beizutragen). Nun könnte hier der Eindruck entstehen, Leni sei auf die heile und gesunde Welt aus gewesen. Keineswegs; ihr materialistisch sinnlicher Konkretismus ging so weit, daß sie den zahlreichen Annäherungsversuchen gegenüber, denen sie ausgesetzt war, weniger ablehnend wurde und schließlich dem begehrlichen Flehen eines jungen, ihr sympathischen Architekten aus dem Büro ihres Vaters nachgab und ihm ein Stelldichein gewährte. Wochenende, Sommer, ein Luxushotel am Rhein, abends Tanz auf der Terrasse, sie blond, er blond, sie siebzehn, er dreiundzwanzig, beide gesund – das klingt nach happy end oder mindestens happy night –, es wurde nichts daraus; schon nach dem zweiten Tanz verließ Leni das Hotel, bezahlte für ein unbenutztes Einzelzimmer, in dem sie ihren Morgenrock (= Bademantel) und ihren Toilettenkram nur flüchtig ausgepackt hatte, fuhr zu Margret und erzählte jener, schon beim ersten Tanz habe sie gespürt, „der Kerl" habe keine „zärtlichen Hände" gehabt, und eine gewisse flüchtige Verliebtheit sei sofort verflogen gewesen.

Nun ist deutlich zu spüren, daß der bis hierhin mehr oder weniger geduldige Leser ungeduldig wird und sich die Frage stellt: verflucht, ist diese Leni etwa vollkommen? Antwort: fast. Andere Leser – je nach ideologischer Ausgangsbasis – werden die Frage anders stellen: verflucht, was ist diese Leni denn eigentlich für ein Ferkel? Antwort: sie ist keins. Sie erwartet nur den „Richtigen", der sich nicht zeigt: sie wird weiterhin belästigt, zu Rendezvous und Weekendausflügen eingeladen, fühlt sich nie angeekelt, nur belästigt; selbst die peinlichsten Äußerungen des Wunsches, ihr beizuwohnen, oft recht vulgär formuliert, wie sie ihr manchmal zugeflüstert werden, empören sie nicht, sie schüttelt nur den Kopf. Sie trägt gern hübsche Kleider, schwimmt, rudert, spielt Tennis, schläft nicht einmal unruhig, und „es war eine reine Freude, ihr zuzusehen, wie's ihr beim Frühstück schmeckte, nein, das war einfach eine Freude, wie sie ihre zwei frischen Brötchen, zwei Scheiben Schwarzbrot, ihr weichgekochtes Ei, ein bißchen Honig und gelegentlich eine Scheibe Schinken zu sich nahm – und den Kaffee, ganz heiß, mit heißer Milch und Zucker –, nein, das hätten Sie einfach sehen müssen, weils 'ne Freude war – täglich 'ne Freude, wie es dem Mädchen schmeckte" (Marja van Doorn).

BÖLLS DOKUMENTARREPORT ÜBER EINE FRAU VON 48 JAHREN

(Günther Schloz, Eine Frau von 48 Jahren, Deutsche Zeitung Nr. 33, 13. August 1971)

Das „Gruppenbild mit Dame", das der „Verf." dieses Romans als Mosaik aus Berichten, Befragungen, Dokumenten zusammenfügt, täuscht die Authentizität des Faktischen nur vor. Der Autor Böll fingiert den „Verf." als Rechercheur, der wiederum das Recherchierte fingiert. Er treibt Fiktion in die Potenz. Dabei hat Böll keineswegs bloß im Sinn, die Dokumentar-Literatur zu parodieren und sich selber auf ebenso listige wie lustige, aber auch unlautere Art ein Alibi als zeitgemäßer Autor zu verschaffen. Das Parodistische fällt als willkommenes Spielmaterial ab, lohnte jedoch den Aufwand nicht, stünde nicht mehr auf dem Spiel: Die Fiktion als die einzige Realität des Erzählers neu zu legitimieren, sie als jenes Medium zu bestätigen, das es den Menschen nach wie vor am sinnfälligsten erlaubt, sich über Realitätsauffassungen zu verständigen und ihre mögliche Veränderung vorzubereiten – Veränderung gewiß nicht der Realität, sondern ihrer Auffassung.

Das klingt vertrackt schwierig. Und doch liest sich Bölls neuer Roman fast mühelos einfach. Die „Verf."-Fiktion erlaubt es ihm, nach Gusto in Rollenprosa zu schwelgen. Der „Verf." kann zitieren und reportieren, Tonfälle auskosten und ironisieren, Stimmungen und Gefühle aus Distanz observieren; Situationen aus verschiedener Perspektive, Figuren in mancherlei Brechung vorführen; und er hat freie Hand bei der Verfügung über den Erzählstoff, kann Perspektive und Chronologie der Ökonomie der Darbietung unterordnen. Bölls bislang umfänglichstes Erzählwerk ist sein kurzweiligstes, facettenreichstes.

In Episoden und Miniaturen entsteht ein figuren- und aspektereiches Panorama einer Stadtlandschaft, ein Jahrzehnte umfassendes Zeitbild der Vor-, Kriegs- und Nachkriegsjahre, das Pychogramm einer Gesellschaft, sichtbar gemacht an einer Fülle von ineinander verflochtenen, parallel sich entwickelnden oder gegenläufigen, sich verknäuelnden und auseinanderstrebenden Lebensläufen. Unternehmer und ungelernte Arbeiter, Nonnen und Nutten, Wissenschaftler und Müllwagenfahrer, rheinische Separatisten und türkische Gastarbeiter, russische Kriegsgefangene und deutsche Wachmannschaften, „Hochgestellte" und Erniedrigte, Angepaßte und sich Verweigernde sind die Figuranten des Gruppenbilds, das sich um die

Zentralfigur, die „Dame" des Titels, und die ihr Nächststehenden – ihre drei Liebhaber und ihren Sohn – schließt.

„Weibliche Trägerin der Handlung", so setzt der Verfasser seinen Bericht ein, „ist eine Frau von 48 Jahren, Deutsche; sie ist 1,71 groß, wiegt 68,8 Kilogramm ..." Der Steckbrief läßt an Genauigkeit nichts zu wünschen übrig, obwohl der „Verf." „keineswegs Einblick in Lenis gesamtes Leibes- und Seelen- und Liebesleben" hat; „doch", so versichert er, „ist alles, aber auch alles getan worden, um über Leni das zu bekommen, was man sachliche Information nennt ..."

Die „Auskunftspersonen", wie der „Verf." seine Zeugen und Gewährsleute nennt, sind zugleich die Hauptdarsteller des Gruppenbilds. Mit ihren Aussagen über Leni, Boris und Lev, in ihren Berichten, Beobachtungen, Mutmaßungen profilieren die Gewährsleute aber mehr sich selbst als die Person, über die sie berichten. Der „Verf." schildert Lebensumstände und Verhältnisse seiner Zeugen, führt sie mit distanzierter Objektivität vor, läßt ihre Schwächen ironisch funkeln, unterschlägt nicht die Meriten, die auch der unangenehmste Charakter in diesem Buch noch hat.

Die Hauptperson aber, der die aufwendigen Recherchen gelten, bleibt bei alledem merkwürdig schemenhaft. Zwar erfährt man manches über ihre äußeren Lebensverhältnisse. Sie sind, weil ihr das Mehrwertstreben wesensfremd ist, nach bürgerlichem Maßstab bedrückend. Der Leser wird ausführlich über ihre drei Lieben (zu Erhard, zum Kriegsgefangenen Boris und dem türkischen Müllfahrer Mehmet) unterrichtet, über ihre Heirat mit Heinrich Pfeiffer, auch über ihre Physiologie, ihren Stuhlgang, ihre erste „Seinserfüllung", die sie ohne männliche Mitwirkung im Heidekraut erlebt; über die Geburt ihres Sohnes Lev in einer zur Fluchtstätte ausgebauten Gruft; über ihre Vorliebe für Schubert und frische Brötchen; über ihre geniale Sinnlichkeit, über die Anziehung, die sie auf Männer ausübt, auch auf den Verfasser. Trotzdem bleibt diese Leni rätselhaft.

Dabei ist klar, was Böll mit dieser Leni will: eine Gegenfigur schaffen zu dieser ganzen Mischpoke von „Kardi- und Admirälen", Protzen und Kümmerlingen, Pornographen und Saubermännern, aus der unsere Gesellschaft sich rekrutiert, heute wie damals; zählebig sie alle, anpassungsfähig, im Kern aber unveränderbar. Leni, und mit ihr Boris und Lev, die sich der Leistungsgesellschaft ohne Krampf verweigern, sind – inmitten des Gruppenbilds aus plastischprallen Allerweltstypen und Norm-Individuen – Menschen einer neuen Art.

SAKRALISIERUNG DES PROFANEN IN BÖLLS „GRUPPENBILD MIT DAME"

(Theodore Ziolkowski, Typologie und Einfache Form in „Gruppenbild mit Dame". In: Renate Matthaei (Hrsg.), Die subversive Madonna, Köln 1975, S. 126 ff.)

Es besteht ein ausdrückliches Verhältnis zwischen Leni und der Muttergottes. Schon im ersten Kapitel wird berichtet, daß Leni „mit der Jungfrau Maria auf vertrautem Fuß" steht, denn sie empfängt sie fast täglich auf dem Fernsehschirm: „Diese Begegnungen finden unter Stillschweigen statt, meistens spät, wenn alle Nachbarn schlafen und die üblichen Fernsehprogramme – auch das holländische – ihr Sendeschlußzeichen gesetzt haben. Leni und die Jungfrau Maria lächeln sich einfach an" (S. 18). Auf der letzten Seite wird zwar versichert, daß es sich dabei um kein Wunder handelt, sondern um eine rational zu erklärende Spiegelwirkung. Denn eine Zeugin darf auch die Madonna im Fernsehen erleben: „Es ist sie selbst, sie ist es, die da aufgrund noch zu klärender Reflektionen sich selbst erscheint." Aber diese Einrahmung veranlaßt den Leser, mit besonderer Aufmerksamkeit das Sonderverhältnis Leni – Maria zu verfolgen. Der anfängliche Eindruck wird dann durch viele weitere Elemente bekräftigt. Obwohl Lenis Rufname eher an Magdalena erinnert, heißt sie eigentlich „Helene *Maria*"; ihr Geburtstag (17. August 1922) fällt in die Feier von Mariä Himmelfahrt (S. 135). Leni kennt nur zwei Gebete – das Vaterunser und das Ave Maria – aber der Umgang mit der Jungfrau Maria ist ihr so selbstverständlich, daß der „Verf." von ihrer bedeutenden „religiösen Begabung" spricht und vermutet, „daß in ihr, an ihr vielleicht eine große Mystikerin zu entdecken und zu entwickeln gewesen wäre" (S. 37).

Innerhalb dieses unmißverständlichen Kontexts bestehen weitere Parallelen zwischen dem Leben Lenis und dem Leben der Jungfrau Maria, wie es etwa aus solchen Quellen wie der *Legende Aurea* zu einem weitbekannten kulturellen Besitz gworden ist. Diese Tochter wohlhabender Eltern, die bis zu ihrem 14. Lebensjahr eine Klosterschule (= Tempelschule) besucht und die als „wortkarg" gilt (S. 371; die Jungfrau spricht bekanntlich so gut wie nichts in den Evangelien), zeichnet sich vorwiegend durch ihre Unschuld aus. Der „Verf." schlägt sogar vergebens im Lexikon nach, um über diese Eigenschaft Näheres zu entdecken. „Leni ... kann ohne diesen Begriff nicht verstanden werden" (S. 135).

In ihrem sechzehnten Jahr erlebt Leni zum ersten Mal das, was der „Verf." mit dem theologischen Ausdruck „Seinserfüllung" bezeichnet: „... auf dem Rücken im Heidekraut liegend ... mit dem Blick zum eben erglühenden Sternenhimmel, in den noch Abendrot hineinleuchtet" – ein Erlebnis, das an orgiastischer Sinnlichkeit nichts zu wünschen übrigläßt und das doch zugleich unverkennbar an die Ekstase in bekannten Darstellungen der Verkündigungsszene erinnert. (Man denkt z. B. an den Lichtstrahl, der in solchen Gemälden häufig auf die begeisterte Maria hereinfällt.) An diesem Juniabend, erzählt Leni, hatte sie „ganz und gar den Eindruck, ‚genommen' zu werden und auch ‚gegeben' zu haben, und ... sie wäre nicht im geringsten erstaunt gewesen, wenn sie schwanger geworden wäre" (S. 29). Mit aller Deutlichkeit heißt es dann: „So ist ihr denn auch die Jungfrauengeburt keineswegs unbegreiflich."

Abgesehen von solchen Parallelen zur Marienlegende, die im gegebenen Zusammenhang nicht zu ignoriern sind, ist es vor allem Lenis Verhältnis zu ihrem Geliebten, dem russischen Kriegsgefangenen Boris, das typologische Motive aufweist. Dieser „Sowjetmensch" ist zwar kein Zimmermann, aber wohl das moderne Gegenstück, ein diplomierter Straßenbauingenieur. Der heilige Joseph gewann Maria zur Frau bekanntlich durch das Wunder des dürren Astes, der zu blühen begann, als er ihn auf den Tempelaltar legte. In Bölls Roman geht es zwar ohne ein solches Wunder zu; aber von „blühenden Ästen" wimmelt es in Pelzers Kranzbinderei, wo die beiden Liebenden zusammenkommen und wo Boris am Arbeitstisch Leni gewinnt. Für ihre sogenannten „Einkehrtage" haben sich Boris und Leni ein „Sowjetparadies in den Grüften" (ein häufig wiederkehrendes Leitmotiv) eingerichtet, wohin sie sich während der Fliegerangriffe zurückziehen. Es ist also keineswegs unerklärlich, wenn Leni bei einer dieser Gelegenheiten schwanger wird. Immerhin spielt der „Verf." mit unseren erweckten typologischen Erwartungen. Denn es wird festgestellt, daß das Kind „nach Adam Riese" um den 2. Juni gezeugt worden ist; und während dieser Zeit gab es keinen einzigen Tagesangriff. Außerdem wird es anhand der Lohnlisten bewiesen, daß an diesem Tag auch keine Nachtschicht gemacht worden ist (S. 274). Mit anderen Worten: um die betreffende Zeit kann Boris nicht bei Leni gewesen sein. Bei dieser Gelegenheit erinnert sich aber der Leser fast unwillkürlich an das mystische „Heidekrauterlebnis", das ja ebenfalls ausgerechnet an einem Junitag stattgefunden hat, wobei sich ein mystischer Zusammenhang zwischen den beiden Tagen einstellt.

Die Geburt des Kindes, die am 2. März 1945 stattfindet, ergibt eine richtige Krippenszene. Weil Leni ihr Kind unbedingt nicht in einer Gruft zur Welt bringen will, zieht sie abends in die Gärtnerei: „. . . und dann haben sie ihr aus Torf und alten Decken und Strohmatten da ein Lager gemacht" (S. 274). Nach einer der Zeugenaussagen macht die neue Familie ganz und gar einen typologischen Eindruck. „Sie hätten sehen sollen, wie die beiden mit ihren Söhnchen da hausten: wie die Heilige Familie. Er war doch nicht davon abzubringen, daß man eine Frau drei Monate nach der Entbindung nicht anfassen darf und auch vom sechsten Monat an nicht – die haben doch ein halbes Jahr wie Maria und Joseph miteinander gelebt" (S. 257). Die biblische Idylle ist von sehr kurzer Dauer, da Lenis „heiliger Joseph" (S. 273) drei Monate später von einer Militärstreife geschnappt wird und kurze Zeit danach in einem französischen Kriegsgefangenenlager stirbt. So bleibt Leni allein mit ihrem Kind – wie die biblische Maria, deren Joseph nach den allerersten Kapiteln fast stillschweigend aus dem Evangelienbericht verschwindet.

Der typologisch denkende Leser wird noch weitere Parallelen entdecken. Unter den Umständen ist es z. B. kaum verwunderlich, daß ihr Sohn Lev allmählich eine Reihe von Jesus-ähnlichen Eigenschaften aufzuweisen beginnt. Aber in Bölls relativ handlungsarmem Roman bildet das Verhältnis Leni – Boris das zentrale Ereignis, worum sich fast alles dreht und worauf alles hinausläuft. Und diese Kernepisode ist so ausdrücklich typologisch in ihrer Gestaltung, daß sie die Struktur des ganzen Romans determiniert.

Die typologische Analyse hat also gezeigt, daß die wichtigsten Geschehnisse und Personen des Romans durch Motive aus den Evangelien bzw. aus der Marienlegende weitgehend bestimmt sind.

HEILIGKEIT IN KONFLIKTEN UND KONTRAST-GESTALTEN:

BÖLLS „GRUPPENBILD MIT DAME"

(Peter Demetz, Heinrich Böll. In: Peter Demetz, die süße Anarchie, Frankfurt a. M. 1970)

In *Gruppenbild mit Dame*, 1971, stellt Heinrich Böll allen Ernstes seine Frage nach dem Heiligen in dieser Welt und findet seine Inkarnation, alltäglich, altmodisch, ja ein wenig schlampig (wenn man gewissen Zeugen glauben will) und allem Kirchlichen fremd in der guten Kölnerin Leni Gruyten, Jahrgang 1922 – in Leni, „einer ungeheuer sinnlichen Person", die gerne ißt (vor allem frische Frühstücksbrötchen), tanzt (und wenn nicht anders allein in ihrem schäbigen Bademantel, aber auch ohne ihn, vor dem Spiegel), ihre „exkrementale Unterworfenheit" nicht ignoriert, zeitlebens an der liebenden Hingabe die reinste Freude hat, den Menschen Gutes tut (und wär's ein sowjetischer Kriegsgefangener oder ein türkischer Gastarbeiter) und sich wortlos und instinktiv, wie einst die Lämmer der Macht, „jeglicher Erscheinungsform des Profitdenkens verweigert"; kein Wunder, daß sie die Leistungsmenschen anklagen, aus ihrer Wohnung eine gefährliche Höhle des „Kommunalismus, der utopischen Idylle und des Paradiesimus gemacht zu haben". Bölls Erzähler setzt sich zur Aufgabe, Lenis Leben unvoreingenommen zu erforschen, und sammelt Aussagen und Informationen ihrer Verwandten, Widersacher und Freunde. Die Lebendigkeit dieser modernen Kölner Legende liegt eben in der Freiheit, die der Erzähler den Zeugen gibt: sie alle, ob der alte Gärtner wie Gruntsch, Profit-Abenteurer wie Walterchen Pelzig oder alte KP-Genossinnen wie die sehnige Ilse Cremer, sprechen ihre eigene Sprache; der Erzähler selbst kommentiert höchst selten und läßt es sich lieber angelegen sein, das Persönliche ihrer Information durch den Einschub historisch-politischer Texte (Speer über Fremdarbeiter) oder „Dokumente" (z. B. das Gutachten eines Jugendberaters über Lenis Sohn Boris, der seine private Wiedergutmachung gegen ihre kapitalistischen Widersacher inszeniert) wie schweigend zu akzentuieren; ganz im Gegensatz zu Bölls einstiger Sentimentalität oder gespannter Bitterkeit, ist dieser Erzähler bereit, auch im Ernste seine selbstironischen und literarischen Spiele zu treiben. *Locker* wäre das richtige Wort – aber auch er kann sich den Verstrickungen seiner Nachforschungen nicht entziehen, schließt sich dem Leni-Hilfs-Ausschuß an, das die gute Kölnerin vor der Exmittierung bewahren will (das gelingt durch die Blockierung ihrer Straße durch die portugiesischen und türkischen Männer der städtischen Müllabfuhr, die anstelle des deutschen Proletariats treten) und schließt seinen Bericht mit einer kleinen privaten Coda, in der er uns von seinem neuen Liebesglück mit der einstigen Ordensschwester Klementine, in der Nähe Lenis, erzählt (die selbst wieder mit dem Kinde des türkischen Gastarbeiters Mehmet schwanger geht). Heiligkeit in Konflikten und Kontrastgestalten: Leni Gruyten hatte ihre große und merkwürdige Lehrerin in der Nonne Rahel, die im Konvente Haruspica hieß, denn es zählte zu ihren, der Flurschwester, Aufgaben, „die Produkte der jugendlichen Verdauung in fester und flüssiger Form zu begutachten" (das tut Rahel mit wissenschaftlichem Interesse, denn sie hat sich der Skatologie und Mystik verschrieben und weiß das Wesen der Menschen selbst aus ihrem Kot zu deuten). Der Erzähler fühlt mit der Passion Rahels (sie ist jüdischer Herkunft und „verhungert, verkümmert", im Kloster, in dem man sie verbirgt), dennoch: die Ärztin, Intellektuelle, Psychologin, Mystikerin ist eher von Elisabeth Langgässers als von Bölls Welt. Rahel wird im Klostergarten verscharrt (aus ihrem Grabe blühen Rosen und eine heilende Quelle entspringt dort), und Leni, ihre Schülerin, lebt durch Kriegs- und Friedensjahre fort: Ihre Stunde der Erprobung naht, als der sowjetische Kriegsgefangene Boris in der Gärtnerei auftaucht, in der sie Zuflucht gefunden hat, und sie „Boris wieder zum Menschen" macht. Ihre Mystik entbehrt des Transzendentalen: sie reicht ihm in der morgendlichen Arbeitspause ein Tasse Kaffee, und als ein Nazi Boris die Tasse aus der Hand schlägt, reinigt sie die Schale und reicht sie ihm noch einmal. Es ist die Stunde ihrer Heiligkeit, die „Stunde der Tasse Kaffee": „Sie wissen doch", so beschreibt ihr ehemaliger Chef die Szene noch nach Jahren, „daß man so eine Tasse rasch mal ausspülen kann, meinetwegen auch gründlich, aber sie spülte sie, als wär's ein heiliger Kelch – dann tat sie, was vollkommen überflüssig war – trocknete die Tasse auch noch sorgfältig mit einem sauberen Taschentuch ab, ging zu ihrer Kaffeekanne, schüttete die zweite Tasse, die drin war . . ., ein und bringt sie seelenruhig dem Russen." Bölls Engagement ist weniger politisch, als er uns glauben machen will. Seine guten Menschen neigen dazu, sich in ihren eigenen Katakomben zu verbergen, denn sie fürchten den Kontakt mit der bösen Welt und fühlen sich dennoch zuzeiten versucht, auf ihre eigene improvisierte Weise zurückzuschlagen. Böll liebt ihre „edle Hilflosigkeit" und sympathisiert mit ihren Angriffen gegen die Gewalt, wenn sie eine selbstgemachte Bombe legen oder einen Jeep verbrennen; und in seiner unhistorischen Hartnäckigkeit scheint ihn die Frage wenig zu beschäftigen, ob man das Dritte Reich ohne weiteres mit der Bundesrepublik identifizieren darf. Er ist ein Gefangener seines ambivalenten Gedankens von der politisch aktiven Untätigkeit: er stellt seine Reinen in eine besondere Gemeinschaft, bekräftigt so die problematische deutsche Tradition von „Geist" gegen „Macht" und weiß doch, daß eine tatenlose geistige Innerlichkeit Gefahren eigener Art besitzt.

Innerhalb und außerhalb seines Heimatlandes zählte Heinrich Böll lange zu den populärsten der neuen Schriftsteller, aber ich frage mich, ob seine Popularität nicht eher auf seinen sentimentalen frühen Arbeiten beruht als auf der energischen Kunst seiner späteren Prosa.

BÖLL ÄUSSERT SICH ZUM „GRUPPENBILD MIT DAME"

(Interview Dieter Wellershoff/Heinrich Böll. In: Renate Matthaei [Hrsg.], Die subversive Madonna, Köln 1975)

W.: Es gibt innerhalb der vielen Perioden und Episoden und historischen Teilabschnitte des Romans „Gruppenbild mit Dame" einen Abschnitt, der mir besonders prägnant zu sein scheint. Das ist das Kriegsende. Lene arbeitet in der Gärtnerei und lernt dort einen russischen Kriegsgefangenen kennen, der schließlich ihr Mann wird und auch der Vater ihres Kindes.

B.: Ja, das ist eine klare kompositorische Situationsauswählung. Deshalb kann ich auch darüber reden. Wie meistens, wollte ich im Grund auch nur eine Liebesgeschichte schreiben, und mir schien, daß es spannender, echter, exakter und auch der Wirklichkeit entsprechender sei, wenn man eine Liebe zwischen Mann und Frau oder Frau und Mann in eine möglichst schwierige, heikle, politisch, sozial und äußerlich, also durch die äußeren Einwirkungen des Krieges, schwierige Situation stellt. Deshalb habe ich einen sowjetischen Kriegsgefangenen ausgewählt, die zweitunterste Stufe Mensch nach der Nazi-Ideologie. Die unterste Stufe wäre ein Jude gewesen, aber ich hatte Angst, daß das wieder klischeehaft auslaufen würde, weil das schon einige Male literarisch dargestellt worden ist. Deshalb habe ich den – Untermenschen – Sowjetsoldat genommen als Liebhaber für Leni.

W.: Die Periode ist auch in anderem Sinne für die Figur besonders exemplarisch. Leni ist ja durch ihre besondere Eigenart, durch die Unfähigkeit, sich anzupassen, eine Gegenfigur zur Gesellschaft, und sie wird nun zur ganz zentralen Figur in dieser Periode, weil da am Ende des Krieges die Gesellschaft zusammenbricht. Nun gruppiert sich um sie herum eine Subgesellschaft, eine neue Gesellschaft, die ein neues Leben im Untergrund führt, in den Katakomben, so könnte man sagen.

B.: Das sind aber fast alles asoziale Figuren. Der Nazi und Kriegsgewinnler, der sich plötzlich von seinem Leben distanziert, die Margret mit ihrem „leichtfertigen" Lebenswandel, die andere Frau, Lotte, die auch im Sinne der damals herrschenden Ideologie asozial ist, der Soldat – und diese Gruppierung ergibt einfach logischerweise für mich, daß diese Menschen nicht nur in einem symbolischen Sinne in den Untergrund gehen, sondern auch wirklich in die Katakomben steigen, also unter die Erde gehen.

W.: Sie wohnen in den Grüften, in den großen Familiengrüften des Friedhofs, und dort wird auch das Kind geboren.

B.: Ja, das Kind wird dort geboren während eines sehr schweren Bombenangriffs. Auch diese Datierung ist von mir bewußt vorgenommen, weil sie bis zu einem gewissen Grade das Kriegsende markiert, aber noch nicht das Ende des Terrors.

W.: Es hat eine bildhafte Überzeugungskraft, daß hier in dieser Subgesellschaft etwas Neues beginnt, während die andere Gesellschaft zerstört wird. Und dann dreht sich das Ganze noch einmal. Wenn nämlich die Gesellschaft sich wieder formiert, dann gerät Leni allmählich ins soziale Abseits.

B.: Ja, ja – ich kann das gar nicht so genau erklären. Für mich ist das, soweit es weitergeht, logisch. Sie ist jedenfalls keine Person, die von irgend etwas profitiert. Sie profitiert weder von der Tatsache, daß sie ein ziemlich riskantes Liebesabenteuer gehabt hat, was ihr politisch schon einiges hätte einbringen können nach 45, noch aus der Tatsache, daß ihr Vater ein halb-politischer Häftling ist usw. Sie existiert einfach als Arbeiterin weiter, obwohl rings um sie herum Leute aus den verschiedensten Erlebnisbereichen aus ihrem Erlebnis Profit schlagen; denn es gibt ja auch den möglichen Profit der Nazis, wie sich immer mehr herausstellt. Den hatte es auch damals gegeben, die Anknüpfung von Verbindungen erfolgte damals usw., und den Profit derer, die bis dahin die Unterdrückten waren. An beiden nimmt sie nicht teil.

W.: Man kann aber sagen, daß nun, obwohl sie ganz ins Abseits gedrängt wird und auch in schwierige soziale Verhältnisse kommt, ihre Anziehungskraft auf die Menschen nicht nachläßt, sondern eher noch zunimmt. Die Faszination nimmt zu, und sie wird ein neuer Kristallisationspunkt.

B.: Ja, immer stärker, eigentlich bis zum Ende des Buches immer stärker, obwohl sie sozial fast zum Abfall gehört mit ihrer ganzen Clique und den Leuten, die bei ihr wohnen.

W.: Inwiefern zum Abfall?

B.: Das war für mich eines der Schlüsselwörter für den Roman, der Abfall und die Abfälligkeit der Gesellschaft. Ich habe den Eindruck, daß man sehr viele Bevölkerungsgruppen im Grunde genommen für Abfall erklärt, und zu einer dieser gehört Leni als Obdachlose. Sie bleibt Miete schuldig, kann nichts bezahlen usw.

W.: Dann aber gibt es eine Situation, die deutlich fiktiv ist. Die Müllmänner verhindern die Kündigung und die Räumung von Lenis Wohnung, indem sie mit den Müllwagen die Straßen sperren. Eine groteske Form von Widerstand.

B.: Ich empfinde es nicht als grotesk. Das ist eher noch für mich, jetzt, wo ich darüber nachdenke – damals nicht, als ich es schrieb – eine unbewußte Anknüpfung an „Ende einer Dienstfahrt", wo durch eine relativ oder ganz und gar unblutige Aktion gesellschaftliche Aktivität mobilisiert wird. Ich empfinde es nicht als grotesk, es ist eigentlich ein Vorschlag oder eine Utopie.

W.: Eine Utopie des Widerstandes, die nicht als praktischer Vorschlag ernstgenommen werden kann, die aber Widerstand als Spiel vorführt.

B.: Ich glaube, daß es Widerstand ist, ein Vorschlag oder eine Utopie, entwickelt an praktizierbaren Möglichkeiten. Ich halte das durchaus für praktizierbar, was da gemacht, geplant oder vorgeschlagen wird.

TEXTPROBE AUS „DIE VERLORENE EHRE
DER KATHARINA BLUM
ODER: WIE GEWALT ENTSTEHEN UND WOHIN SIE
FÜHREN KANN"

(1974)

Die Tatsachen, die man vielleicht zunächst einmal darbieten sollte, sind brutal: am Mittwoch, dem 20. 2. 1974, am Vorabend von Weiberfastnacht, verläßt in einer Stadt eine junge Frau von siebenundzwanzig Jahren abends gegen 18.45 Uhr ihre Wohnung, um an einem privaten Tanzvergnügen teilzunehmen.

Vier Tage später, nach einer – man muß es wirklich so ausdrücken (es wird hiermit auf die notwendigen Niveauunterschiede verwiesen, die den Fluß ermöglichen) – dramatischen Entwicklung, am Sonntagabend um fast die gleiche Zeit – genauer gesagt gegen 19.04 –, klingelt sie an der Wohnungstür des Kriminaloberkommissars Walter Moeding, der eben dabei ist, sich aus dienstlichen, nicht privaten Gründen als Scheich zu verkleiden, und gibt dem erschrockenen Moeding zu Protokoll, sie habe mittags gegen 12.15 in ihrer Wohnung den Journalisten Werner Tötges erschossen, er möge veranlassen, daß ihre Wohnungstür aufgebrochen und er dort „abgeholt" werde; sie selbst habe sich zwischen 12.15 und 19.00 Uhr in der Stadt umhergetrieben, um Reue zu finden, habe aber keine Reue gefunden; sie bitte außerdem um ihre Verhaftung, sie möchte gern dort sein, wo auch ihr „lieber Ludwig" sei.

Moeding, der die junge Person von verschiedenen Vernehmungen her kennt und eine gewisse Sympathie für sie empfindet, zweifelt nicht einen Augenblick lang an ihren Angaben, er bringt sie in seinem Privatwagen zum Polizeipräsidium, verständigt seinen Vorgesetzten Kriminalhauptkommissar Beizmenne, läßt die junge Frau in eine Zelle verbringen, trifft sich eine Viertelstunde später mit Beizmenne vor ihrer Wohnungstür, wo ein entsprechend ausgebildetes Kommando die Tür aufbricht und die Angaben der jungen Frau bestätigt findet.

Ob auch der Bildjournalist Adolf Schönner, den man erst am Aschermittwoch in einem Waldstück westlich der fröhlichen Stadt ebenfalls erschossen fand, ein Opfer der Blum gewesen war, galt eine Zeitlang als nicht unwahrscheinlich, später aber, als man eine gewisse chronologische Ordnung in den Ablauf gebracht hatte, als „erwiesen unzutreffend". Ein Taxifahrer sagte später aus, er habe den ebenfalls als Scheich verkleideten Schönner mit einer als Andalusierin verkleideten jungen Frauensperson zu eben jenem Waldstück gefahren. Nun war aber Tötges schon am Sonntagmittag erschossen worden, Schönner aber erst am Dienstagmittag. Obwohl man bald herausfand, daß die Tatwaffe, die man neben Tötges fand, keinesfalls die Waffe sein konnte, mit der Schönner getötet worden war, blieb der Verdacht für einige Stunden auf der Blum ruhen, und zwar des Motivs wegen. Wenn sie schon Grund gehabt hätte, sich an Tötges zu rächen, so hatte sie mindestens so viel Grund gehabt, sich an Schönner zu rächen. Daß die Blum aber zwei Waffen besessen haben könnte, erschien den ermittelnden Behörden dann doch als sehr unwahrscheinlich. Die Blum war bei ihrer Bluttat mit einer kalten Klugheit zu Werke gegangen; als man sie fragte, ob sie auch Schönner erschossen habe, gab sie eine ominöse, auf eine Frage verkleidete Antwort: „Ja, warum eigentlich nicht den auch?" Dann aber verzichtete man darauf, sie auch des Mordes an Schönner zu verdächtigen, zumal Alibirecherchen sie fast eindeutig entlasteten. Keiner, der Katharina Blum kannte oder im Laufe der Untersuchung ihren Charakter kennenlernte, zweifelte daran, daß sie, falls sie ihn begangen hätte, den Mord an Schönner eindeutig zugegeben hätte. Der Taxifahrer, der das Pärchen zum Waldstück gefahren hatte („Ich würde es ja eher als verwildertes Gebüsch bezeichnen", sagte er), erkannte jedenfalls die Blum auf Fotos nicht. „Mein Gott", sagte er, „diese hübschen braunhaarigen jungen Dinger zwischen 1,63 und 1,68 groß, schlank und zwischen 24 und 27 Jahre alt – davon laufen doch zur Karneval Hunderttausende hier herum."

In der Wohnung des Schönner fand man keinerlei Spuren von der Blum, keinerlei Hinweis auf die Andalusierin. Kollegen und Bekannte des Schönner wußten nur, daß er am Dienstag gegen Mittag von einer Kneipe aus, in der sich Journalisten trafen, „mit irgendeiner Bumme abgehauen war".

Ziemlich merkwürdig verhielt sich die *Zeitung,* nachdem die beiden Morde an ihren Journalisten bekannt wurden. Irrsinnige Aufregung! Schlagzeilen. Titelblätter. Sonderausgaben. Todesanzeigen überdimensionalen Ausmaßes. Als ob – wenn schon auf der Welt geschossen wird – der Mord an einem Journalisten etwas Besonderes wäre, wichtiger etwa als der Mord an einem Bankdirektor, -angestellten oder -räuber.

Diese Tatsache der Über-Aufmerksamkeit der Presse muß hier vermerkt werden, weil nicht nur die *Zeitung*, auch andere Zeitungen tatsächlich den Mord an einem Journalisten als etwas besonders Schlimmes, Schreckliches, fast Feierliches, man könnte fast sagen wie einen Ritualmord behandelten. Es wurde sogar von „Opfer seines Berufes" gesprochen, und natürlich hielt die *Zeitung* selbst hartnäckig an der Version fest, auch Schönner wäre ein Opfer der Blum, und wenn man auch zugeben muß, daß Tötges wahrscheinlich nicht erschossen worden wäre, wäre er nicht Journalist geworden (sondern etwa Schuhmacher oder Bäcker), so hätte man doch herauszufinden versuchen sollen, ob man nicht besser von beruflich bedingtem Tod hätte sprechen müssen, denn es wird ja noch geklärt werden, warum eine so kluge und fast kühle Person wie die Blum den Mord nicht nur plante, auch ausführte und im entscheidenden, von ihr herbei geführten Augenblick nicht nur zur Pistole griff, sondern diese auch in Tätigkeit setzte.

BUCHKRITIK UND REZENSIONSTITEL ZU HEINRICH BÖLLS „DIE VERLORENE EHRE DER KATHARINA BLUM"

Heinrich Bölls neue große Erzählung „*Die verlorene Ehre der Katharina Blum oder: Wie Gewalt entstehen und wohin sie führen kann*" knüpft in Schreibart und Motiv an seinen letzten Roman „*Gruppenbild mit Dame*" an. Wieder ist eine Frau die Zentralfigur des Geschehens, und sie trägt in sich eine ähnlich extreme Spannweite von Möglichkeiten wie Leni, die Hauptfigur des Romans. Katharina Blum, die Hauswirtschafterin, die nebenbei freiberuflich bei Empfängen und Festlichkeiten die kalten Buffetts besorgt und sich davon eine kleine Appartementwohnung und einen Volkswagen leisten kann, ist eine junge, hübsche Frau, deren Haupteigenschaften heitere Bescheidenheit und ein sehr empfindliches sexuelles Schamgefühl sind. Durch Zufall gerät diese Frau in den Mittelpunkt der Sensationsmache und Polithetze einer großen Boulevardzeitung, als sie sich bei einer Karnevalsparty in einen jungen Mann verliebt, der ein von der Polizei gesuchter radikaler Rechtsbrecher ist und den man allgemein einfach einen Banditen nennt. Die Folge der Hetze und der Verletzung der Intimität durch die Presse steht am Anfang: Katharina hat den Sensationsjournalisten erschossen, und ein ebenfalls beteiligter Pressefotograf ist von einer anderen unerkannten Frau erschossen worden. Damit ist der verblüffende und schockierende Akzent gesetzt, der nach Interpretation und Aufklärung verlangt. Die eigentliche Geschichte wird Schritt für Schritt in einem Erzählbericht rekonstruiert, der die Vorgänge mit Ironie und Sympathie begleitet und allmählich ein ganzes Panorama von Personen und menschlichen und sozialen Beziehungen entfaltet. Man lernt die Freunde und Arbeitgeber Katharinas kennen, ihre ländliche Verwandtschaft, aber auch die ominösen „Herrenbesuche", von denen die Presse zu berichten weiß, und natürlich die Presseleute selbst und die Polizei.

Der ganze Vorgang erinnnert von fern an eine Moritat von verlorener Frauenehre. Aber nun ist das alte Muster aggressiv und emanzipatorisch gewendet: Während früher die Frau vor der öffentlichen Meinung einen Fehltritt mit ihrem Leben büßen mußte, wodurch dann das Bild der verletzten Tugend wiederhergestellt schien, geschieht hier die Verletzung durch das korrupte und verlogene Instrument der öffentlichen Meinungsbildung, die Boulevardpresse. Aber sie trifft jetzt auf ein gestärktes Selbstbewußtsein der Frau, die sich nach anfänglicher Erschütterung zu wehren versteht, notfalls mit Gewalt.

„Die verlorene Ehre der Katharina Blum oder Wie Gewalt entstehen und wohin sie führen kann" ist eine Anklageschrift Heinrich Bölls, die sich gegen perfide Praktiken des Boulevardjournalismus richtet. Das Buch erschien 1974. Böll „rächt" sich mit ihm an der ihm verhaßten Regenbogenpresse; ob die „Rache" des Nobelpreisträgers aber „nobel" ist, mag der Leser des Buches entscheiden. An dem von mehreren falschen „Tatsachenbehauptungen" durchsetzten Buch (siehe hierzu Anm. 35 und 66 zu dem Aufsatz „Rufmord und Mord" von Hanno Beth in dessen „Einführung in Bölls Gesamtwerk", Kronberg 1975) hat Joachim Kaiser (Süddeutsche Zeitung Nr. 183 vom 10. / 11. 8. 1974) bemängelt, daß Böll noch nie „so hemdsärmelig, ja so schlampig" geschrieben habe wie bei der zornerfüllten Niederschrift dieser „Streitschrift". Wie bedenklich die literarische Kritik auf Bölls Erzählung „Die verlorene Ehre der Katharina Blum" reagierte, zeigt eine kleine Auswahl von Rezensionstiteln, die für sich sprechen.

Heinrich Bölls Rache. (Michael Beckert, Saarbrücker Zeitung, 3. 8. 1974)

Diesmal schießt Bölls Dame. (Heinz Beckmann, Rheinischer Merkur, 16. 8. 1974)

Im Zorn erzählt ... (Helmut M. Braem, Stuttgarter Zeitung, 17. 8. 1974)

Heinrich Böll als Pressekiller. (Rudolf Heizler, Kölnische Rundschau, 13. 8. 1974)

Bölls zu süffige Wut. Leider keine Streitschrift. (Reinhard Kill, Rheinische Post, 10. 8. 1974)

Liebe und Haß der heiligen Katharina. (Joachim Kaiser, Süddeutsche Zeitung, 10. / 11. 8. 1974)

„Und sofort auf ihn geschossen." Wie der Kölner Nobelpreisträger die verlorene Ehre der Katharina Blum wiederfindet. (Christian Linder, Kölner Stadt-Anzeiger, 10. 8. 1974)

Satire zu ermäßigtem Preis. (Franz Norbert Mennemeier, Neues Rheinland, Oktober 1974)

Eine schale Satire. (Heinz F. Schafroth, Basler Nachrichten, 5. 10. 1974)

Reine und Schweine. Wohin der Zorn führen kann. (Günter Schloz, Deutsche Zeitung, 9. 8. 1974)

Zorn macht nicht immer schöpferisch. (Eberhard Seybold, Frankfurter Neue Presse, 21. 8. 1974)

Requiem auf Heinrich Böll. (Hans Habe, Welt am Sonntag, 18. 8. 1974)

VERZEICHNIS DER BENUTZTEN LITERATUR

1) Karl M i g n e r : Gesichtspunkte zur Erarbeitung zeitgenössischer Romane in Oberprima, Der Deutschunterricht, Stuttgart 1962/1

2) Werner R o s s : Heinrich Bölls „Ansichten eines Clowns", Die Zeit, 31. 5. 63

3) Hermann S t r e s a u : Heinrich Böll, Köpfe des XX. Jahrhunderts, Berlin o. J.

4) Helmut M o t e k a t : Gedanken zur Kurzgeschichte, Der Deutschunterricht, Stuttgart 1957/1

5) Annelise P h i l i p p e n : Heinrich Böll: „So ein Rummel!", Der Deutschunterricht, Stuttgart 1958/6

6) Robert U l s h ö f e r : Unterrichtliche Probleme bei der Arbeit mit der Kurzgeschichte, Der Deutschunterricht, Stuttgart 1958/6

7) Jakob L e h m a n n : Heinrich Böll: „Der Tod der Elsa Baskoleit", Interpretationen moderner Kurzgeschichten, Frankfurt am Main, 1956

8) Brigitte F r a n k : Heinrich Böll: „Die Waage der Baleks", Interpretationen zu Hein. Bölls Kurzgeschichten, München 1965

9) Rudolf F a b r i t i u s : Komik, Humor und Verfremdung, Der Deutschunterricht, Stuttgart 1966/3

10) Henri P l a r d : Der Dichter Heinrich Böll und seine Werke, Universitas, Stuttgart 1963/3

11) Marcel R e i c h - R a n i c k i : Heinrich Bölls „Entfernung von der Truppe", Die Zeit, 18. 9. 64

12) Hedwig R h o d e : Heinrich Bölls „Ende einer Dienstfahrt", Bücherkommentare, 15. 9. 66

Bezüglich der Datierung der Werke Heinrich Bölls und weiterer Sekundärliteratur sei verwiesen auf den biographisch-bibliographischen Abriß „Der Schriftsteller Heinrich Böll", München 1968 (dtv 530).

NACHTRAG 1982

Beth, Hanno: Heinrich Böll. Eine Einführung in das Gesamtwerk in Einzelinterpretationen, Kronberg/Ts. 1975

Demetz, Peter: Heinrich Böll. In: Die süße Anarchie, Frankfurt a. M. 1970

Schloz, Günther: Eine Frau von 48 Jahren, Deutsche Zeitung Nr. 33, 13. 8. 1971

Wellershoff, Dieter: Heinrich Böll über „Gruppenbild mit Dame". In: Renate Matthaei, Die subversive Madonna, Köln 1975

Ziolkowski, Theodore: Typologie und Einfache Form in „Gruppenbild mit Dame". In: Renate Matthaei, Die subversive Madonna, Köln 1975

Philosophie-Gerüst von Dr. Robert Hippe

Teil 1 — 96 Seiten

Der erste Band des Philosophie-Gerüsts will an die Geschichte der abendländischen Philosophie heranführen, dem Leser einen Überblick über die Jahrhunderte philosophischen Denkens geben.

Aus dem Inhalt:

> Was ist Philosophie? — Die griechische Philosophie — Die hellenistisch-römische Philosophie — Die Philosophie des Christentums — Die Philosophie des Mittelalters, im Zeitalter der Renaissance und des Barock — Die Philosophie von der Aufklärung bis zu Hegel — Die Philosophie der Gegenwart
> Anhang — Bibliographie u. a.

Teil 2 — 80 Seiten

Im zweiten Band werden die Disziplinen der reinen und angewandten Philosophie behandelt und dem Benutzer ein Überblick über den gewaltigen Umfang des Bereichs der Philosophie gegeben.

Aus dem Inhalt:

Die Disziplinen der reinen Philosophie
Logik und Dialektik — Psychologie — Erkenntnistheorie — Ontologie und Metaphysik — Ethik — Ästhetik

Die Disziplinen der angewandten Philosophie
Naturphilosophie und Philosophie der Mathematik — Geschichtsphilosophie — Rechts- und Religionsphilosophie — Philosophische Anthropologie und Existenzphilosophie — Sprachphilosophie

Philosophie und Weltanschauung

Bibliographischer Anhang u. a.

ZUR NACHHILFE IN ENGLISCH

K. Brinkmann **Englische Diktatstoffe**
Zur Festigung und Wiederholung von Rechtschreibung und Grammatik. Vorbereitung zur Nacherzählung. Zur Nachhilfe, Kontrolle und Selbstbeschäftigung.
Unter- und Mittelstufe 3. Auflage
Oberstufe

Reiner Poppe **Englische Nacherzählungen**
Unter- und Mittelstufe
62 engl. Texte unterschiedlicher Länge und Schwierigkeit mit Vokabelhilfe und methodischen Anweisungen versehen.

K. Brinkmann **Fehlerquellen im Englischen**
Rechtschreibung und Wortbildung. Hilfsmittel zur Einübung und Festigung grammatischer Kenntnisse, wie sie für Klassenarbeiten der Mittel- und Oberstufe notwendig und nützlich sind.

Jürgen Meyer
Übungstexte zur englischen Grammatik 9. - 13. Klasse.
Texte mit ausführlichen Hinweisen zu den Vokabeln sowie Übungen zur Syntax und zum Wortschatz. Zur Gruppenarbeit und zum Selbststudium sehr geeignet.

Edgar Neis **Wie schreibe ich gute englische Nacherzählungen?**
Langjährige, im gymnasialen Englischunterricht auf der Mittel- und Oberstufe bei zahlreichen Abiturprüfungen gewonnene Erfahrungen haben zur Herausgabe dieses Buches geführt.
5. Auflage

Edgar Neis
Englische Nacherzählungen der siebziger Jahre
Dieses Buch bringt Texte, die sich auf Persönlichkeiten unserer Zeit, auf politische und wissenschaftliche Fragen, auf zeitnahe Probleme, die zu Diskussionen herausfordern, beziehen.

Edgar Neis
Übungen zur englischen Herübersetzung
Das Buch enthält Texte verschiedener Schwierigkeitsgrade teil mit, teils ohne Vokabelangaben und stellt ihnen vorbildliche Übertragungen versierter Übersetzer gegenüber, und zwar gesondert von den Vorlagen, so daß eine Selbstkontrolle möglich ist.

BANGES UNTERRICHTSHILFEN

Gerd Eversberg
Wie verfasse ich ein Referat?

Hinweise für die Planung, Erarbeitung und Gestaltung eines Referates (Facharbeit) auf der gymnasialen Oberstufe.
Planung — Materialsammlung und -aufbereitung — Materialbearbeitung — Niederschrift — Vortrag u. a.

Dr. Robert Hippe
Interpretationen zu 62 ausgewählten motivgleichen Gedichten

4. erweiterte Auflage ·
Deutungsversuche die in Diskussionen und Gesprächen mit Primanern entstanden sind.
Aus dem Inhalt: Themen wie Frühling-Herbst-Abend und Nacht-Brunnen — Liebe — Tod — Dichtung u. v. a.

Dr. Robert Hippe
Interpretationen zu 50 modernen Gedichten

2. Auflage
Interpretationen und Deutungsversuche in unterschiedlicher Dichte und Ausführlichkeit.
Aus dem Inhalt: Lasker-Schüler — Hesse — Carossa — Benn — Britting — Brecht — Eich — Kaschnitz — Huchel — Bachmann — Celan — Grass — Enzensberger — Reinig — Härtling u. v. a.

Dr. Edgar Neis
Wie interpretiere ich Gedichte und Kurzgeschichten?

10. erweiterte Auflage
Ein Grundkurs, die Kunst der Interpretation zu erlernen und zu verstehen. Die tabellarischen Leitlinien führen den Benutzer des Buches zum Verständnis für diese Gattung der Poesie.
Anhand von zahlreichen durchgeführten Interpretationen ein unentbehrliches Hilfsmittel für Lehrer und Schüler

Dr. Robert Hippe
Gliederungsvorschläge und -entwürfe zum deutschen Aufsatz der Oberstufe

I. Facharbeit: Themen aus der Geschichte — Philosophie — Antike Literatur — Deutsche Literatur
II. Besinnungsaufsatz: Die echte Frage — Die rhetorische Frage — Die verdeckte Frage
Die Gliederungen sind ausgearbeitet. Im Anhang vollkommen ausgearbeitete Beispielaufsätze.

ZUR NACHHILFE IN FRANZÖSISCH

Klaus Bahners
**Französischunterricht in der Sekundarstufe II
(Kollegstufe)** Texte - Analysen - Methoden
Hinweise für Lehrer und Schüler der reformierten Oberstufe zur
Interpretation französischer Texte und Abfassungen von Nach-
erzählungen.

W. Reinhard **Französische Diktatstoffe**
Zur Festigung und Wiederholung von Rechtschreibung und
Grammatik. Vorbereitung zur Nacherzählung. Zur Nachhilfe,
Kontrolle und Selbstbeschäftigung.

Unter- und Mittelstufe

Oberstufe

W. Reinhard
Übungen zur französischen Herübersetzung
40 franz. Texte mit Vokabelangaben als Übungen zur Über-
setzung ins Deutsche. Deutscher Lösungstext im 2. Teil des
Buches.

W. Reinhard
Übungstexte zur französischen Grammatik 9.—13. Klasse
Bei diesen Texten werden alle Schwierigkeitsgrade berücksichtigt. An die Texte schließen sich Aufgaben an, deren Lösungen in einem Anhang mitgegeben werden.

G. Sautermeister
Der sichere Weg zur guten franz. Nacherzählung
Das Werk umfaßt alle wesentlichen Gesichtspunkte, die beim
Schreiben einer guten Nacherzählung berücksichtigt werden
müssen.

Paul Kämpchen
Franz. Texte zur Vorbereitung auf die Reifeprüfung
Innerhalb der Texte kann der Studierende die Fähigkeit zur
schnellen und genauen Aufnahme einer kurzen Erzählung und
deren treffende Wiedergabe reichlich üben.

Möslein/Sickermann-Bernard
Textes d'étude. 25 erzählende Texte franz. Literatur
Die aus der neueren französischen Literatur stammenden Texte
dienen als Vorlagen für Nacherzählungen und Textaufgaben.

BANGES UNTERRICHTSHILFEN

Edgar Neis

Interpretationen von 66 Balladen, Moritaten und Chansons

Analysen und Kommentare
Bestell Nr. 0590-8 4. verbesserte Auflage

Inhalt: Die Ballade im 18. und 19. Jahrhundert — Die Ballade im 20. Jahrhundert — Erzählgedichte, Moritaten, Songs und Chansons — Interpretationen von 66 Beispielen — Demonstrationen von Interpretationen und Inhaltsangaben anhand von Beispielen, jederzeit umsetzbar auf andere Stücke. — Materialien zum Verständnis klassischer und moderner Balladen —

Ein Lehr- und Übungsbuch für Lehrer und Schüler der Sekundarstufen.

Edgar Neis

Verbessere deinen Stil

Eine Anleitung zu richtiger Wortwahl und Satzgestaltung.
Bestell Nr. 0539-8

Aus dem Inhalt: **Wortwahl:** Flickwörter — Fremdwörter — Artikel — Modewörter — Vermeidbare Flickwörter· usw.

Satzgestaltung: Der Satz als Mittel der Kommunikation — Der Satz als Mittel der kreativen Gestaltung u. v. a.

Edgar Neis

Interpretationen motivgleicher Werke der Weltliteratur

Band 1: Bestell Nr. 0548-7

Mythische Gestalten
Alkestis — Antigone — Die Atriden (Elektra/Orest) — Iphigenie — Medea — Phädra

Band 2: Bestell Nr. 0549-5

Historische Gestalten
Julius Caesar — Coriolan — Der arme Heinrich — Die Nibelungen — Romeo und Julia — Jeanne d'Arc / Die Jungfrau von Orleans — Johann Joachim Winckelmann

Dramatische, epische und lyrische Gestaltungen der bekanntesten Stoffe der Weltliteratur werden mit knappen Inhaltsangaben vorgestellt und miteinander verglichen.
Ein unentbehrliches Hilfsmittel für den Deutsch- und Literaturunterricht

Bitte, fordern Sie Gesamtverzeichnisse an beim

C. Bange Verlag Tel. 09274/372 8601 Hollfeld

BANGES UNTERRICHTSHILFEN

Dichtung in Theorie und Praxis

Texte für den Unterricht

Jeder Band zwischen 120 und 196 Seiten, kart. Taschenbuchformat

Mit dieser neuen Serie von Einzelheften legt der BANGE Verlag Längs- und Querschnitte durch Dichtungs-(Literatur-)Gattungen für die Hand des Schülers der Sekundarstufen vor.

Jeder Band ist – wie der Reihentitel bereits aussagt – in die Teile THEORIE und PRAXIS gegliedert; darüber hinaus werden jeweils zahlreiche Texte geboten, die den Gliederungsteilen zugeordnet sind. Ein Teil ARBEITSANWEISUNGEN schließt sich an, der entweder Leitfragen für die einzelnen Abschnitte oder übergeordnete oder beides bringt. Lösungen oder Lösungsmöglichkeiten werden nicht angeboten.

Wir hoffen bei der Auswahl der Texte eine „ausgewogene Linie" eingehalten und die Bände für die Benutzer wirklich brauchbar gestaltet zu haben.

Es handelt sich um **Arbeits**bücher, die durch**gearbeitet** sein wollen; dem, der die Texte nur flüchtig „überliest", erschließt sich nichts.

Bei der Gestaltung der Reihe wird und wurde darauf geachtet, daß sie breit einsetzbar im Unterricht ist.

450 **Die Lyrik**
451 **Die Ballade**
452 **Das Drama**
453 **Kriminalliteratur**
454 **Die Novelle**
455 **Der Roman**
456 **Kurzprosa**
(Kurzgeschichte,
Kalendergeschichte/
Skizze/Anekdote)

457 **Die Fabel**
458 **Der Gebrauchstext**
459 **Das Hörspiel**
460 **Trivialliteratur**
461 **Die Parabel**
462 **Die politische Rede**

weitere Bände
in Vorbereitung

C. BANGE VERLAG – 8601 HOLLFELD

BANGES UNTERRICHTSHILFEN

Methoden und Beispiele der Kurzgeschichteninterpretation

Herausgegeben von einem Arbeitskreis der Päd. Akad. Zams

Methoden: Werkimmanente, existentielle, grammatikalische, stilistische, strukturelle, kommunikative, soziologische, geistesgeschichtliche, historisch/biographische/symbolische Methode.

Beispiele: Eisenreich — Cortázar — Dürrenmatt — Brecht — Horvath — Bichsel — Kaschnitz — Lenz — Weißenborn — Rinser — Borchert — Nöstlinger — Wölfel — Langgässer.

An Beispielen ausgewählter Kurzgeschichten werden die einzelnen Methoden der Interpretation demonstriert und erläutert.

Dr. Robert Hippe

Deutsch auf der Neugestalteten Gymnasialen Oberstufe — Reifeprüfungsvorbereitungen

Band 1: Mündliche und schriftliche Kommunikation

Inhalt: Sprache und Verständigung — Diskussion — Protokoll — Inhaltsangabe — Erörterung — Referat- und Redegestaltung u. v. a.

Band 2: Umgang mit Literatur

Inhalt: Definition von Literatur — Merkmale der Lyrik, Epik und Dramatik, Arten der Interpretation — Was ist Interpretation — Warum Interpretation u. v. a.

Band 3: Sprach- und Textbetrachtung

Definition von Texten — Textsorten — historischer Aspekt / systematischer Aspekt der Textbetrachtung — Textanalysen — Sprachanalysen und -variationen u. v. a.

Band 4: Textanalyse

Fiktionale Texte: Lyrik-Epik-Dramatik-Unterhaltungs- und Trivialliteratur
Nicht-fiktionale Texte: Werbetext-Gesetzestext-Kochrezept-Redetext (rhetorischer Text)

Unentbehrliche Ratgeber und Nachschlagewerke für den Deutschunterricht der Oberstufe. Für Lehrer und Schüler gleichermaßen geeignet. Hilfen für Grund- und Leistungskurse Literatur (Sekundarstufe II) und Deutsch.